LLYFRAU LLYGAD-DYST

CHWARAEON

Gwn cychwyn

CHWARAEON

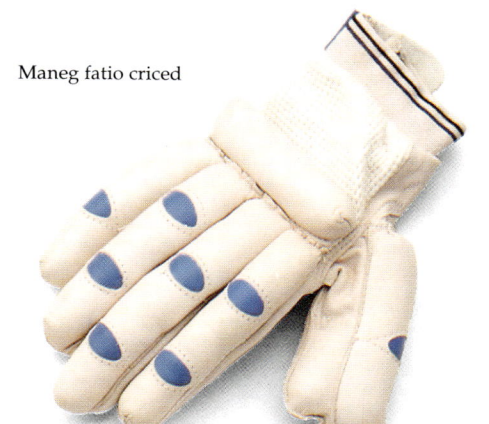

Maneg fatio criced

Ysgrifennwyd gan
TIM HAMMOND

Gronynnau rwber trac rhedeg

Pêl-droed Americanaidd

Gwenoliaid

Pwysau

Batynau'r ras gyfnewid

Wats rasys

GWASG PRIFYSGOL CYMRU
CAERDYDD

Pêl dennis

Ffon hoci

Gwennol

Chwibanogl dyfarnwr

Llyfr gan DORLING KINDERSLEY
Golygydd y project Tim Hammond
Golygydd arlunio Mike Clowes
Golygydd rheoli Vicky Davenport
Golygydd rheoli arlunio Jane Owen
Ffotograffiaeth arbennig Dave King
Golygydd yr addasiad Cymraeg W. J. Jones
Addaswr Islwyn Griffiths
Mynegeiwr William Howells

Cyhoeddwyd dan nawdd Cynllun Llyfrau Darllen Cyd-bwyllgor Addysg Cymru a Chynllun Comisiynu'r Cyngor Llyfrau Cymraeg

© 1988, Dorling Kindersley Cyf., Llundain. Hawlfraint y testun © 1988 Dorling Kindersley Cyf., Llundain. Hawlfraint y darluniau © 1988 Dorling Kindersley Cyf., Llundain. Cyhoeddwyd yn wreiddiol dan y teitl *Sport*.

© 1993, yr argraffiad Cymraeg, Prifysgol Cymru.

Cedwir pob hawl. Ni cheir atgynhyrchu unrhyw ran o'r cyhoeddiad hwn na'i gadw mewn cyfundrefn adferadwy na'i drosglwyddo mewn unrhyw ddull na thrwy unrhyw gyfrwng electronig, mecanyddol, ffotogopïo, recordio, nac fel arall, heb ganiatâd ymlaen llaw gan Wasg Prifysgol Cymru, 6 Stryd Gwennyth, Caerdydd CF2 4YD.

Mae cofnod catalogio'r gyfrol ar gael gan y Llyfrgell Brydeinig

ISBN 0-7083-1209-8

Cysodwyd yng Nghymru gan Afal, Caerdydd
Atgynyrchiadau lliw gan Colourscan, Singapore.
Argraffwyd a rhwymwyd yn Singapore
gan Toppan Printing Co. (S) Pte Ltd.

Peli pŵl

Dart

Tis golff

Tâp mesur

Pêl sboncen

Rhwymyn pen

Esgidiau trac sbigyn

Cynnwys

Stydiau esgidiau pêl-droed

Pêl griced

6
Pêl-droed

10
Pêl-droed Americanaidd

14
Rygbi

16
Hoci

18
Hoci iâ

20
Pêl-fasged

22
Pêl-fas

26
Criced

30
Tennis

34
Tennis bwrdd a badminton

36
Sboncen a phêl-raced

38
Athletau

42
Gymnasteg

44
Codi pwysynnau

46
Bocsio

48
Celfyddydau milwrol

50
Cleddyfaeth

52
Saethyddiaeth

54
Saethu

56
Bowlio

58
Golff

62
Pŵl a snwcer

64
Mynegai

Pêl-droed

GÊM DÎM YW PÊL-DROED, neu socer, lle mae chwaraewyr yn ceisio sgorio gôl trwy gicio neu benio'r bêl i gôl eu gwrthwynebwyr. Ac eithrio golwyr, ni chaiff y chwaraewyr gyffwrdd â'r bêl â'u dwylo na'u breichiau ond pan fyddant yn ei thaflu i mewn o'r ystlys. Mae gêmau o fathau gwahanol wedi cael eu chwarae am ganrifoedd ar draws y byd lle bynnag y mae pêl yn cael ei chicio. Chwaraeai milwyr China 'bêl-droed' yn yr oesoedd cynnar fel rhan o'u hyfforddiant; pen un o'u gelynion fyddai'r bêl. Cafodd y gêm ei gwahardd gan y brenin yn yr oesoedd canol yn Lloegr am fod yn well gan ddynion ei chwarae nag ymarfer saethyddiaeth, ac am i gynifer gael eu hanafu'n ddifrifol a methu ymladd yn y fyddin. O'r 'gêmau' cynnar hyn y tyfodd pêl-droed, a hefyd bêl-droed Americanaidd a rygbi, sy'n perthyn i'r un grŵp. Edrychai pawb ar bêl-droed, yn fwy na'r un gêm arall, efallai, fel 'gêm y bobol', a hi o hyd yw'r gêm fwyaf poblogaidd yn y byd, ac un sy'n cael ei chwarae a'i gwylio gan filiynau.

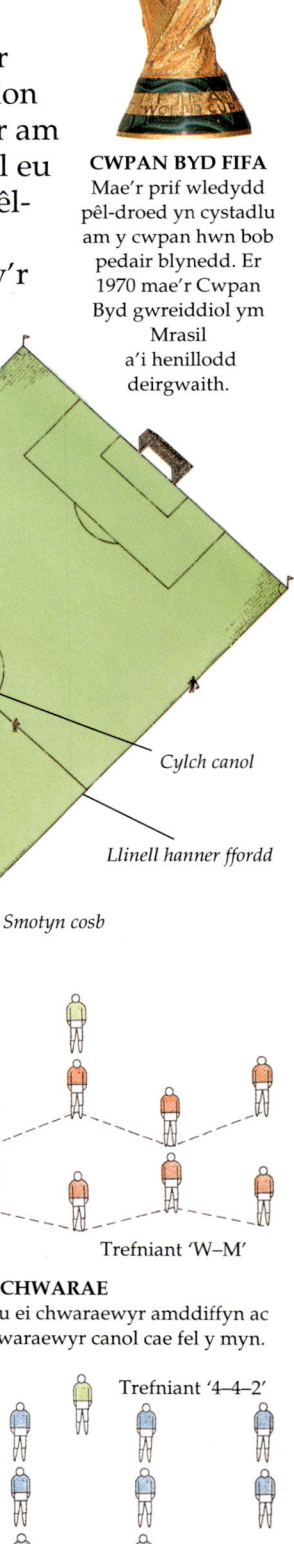

CWPAN BYD FIFA
Mae'r prif wledydd pêl-droed yn cystadlu am y cwpan hwn bob pedair blynedd. Er 1970 mae'r Cwpan Byd gwreiddiol ym Mrasil a'i henillodd deirgwaith.

Y CAE CHWARAE
Câi'r gêmau pêl-droed cyntaf eu chwarae ar y strydoedd, heb ddim rheolau ynghylch eu hyd, yn wir, heb lawer o reolau o gwbl. Clwydi eglwysi'r plwyfi oedd y goliau'n aml. Mae timau heddiw'n cynnwys 11 o chwaraewyr.

Ffabrig lliw llachar sy'n weladwy o dan lifoleuadau

Lluman y llinellwr

Fflag gornel

Cylch canol

Cwrt cosb

Llinell hanner ffordd

Smotyn cosb

Pyst gôl

Y LLINELLAU
Mae dau linellwr yn rhedeg y llinellau ac yn helpu'r dyfarnwr trwy arwyddo â'u llumanau i'r bêl groesi'r llinell neu i chwaraewr dorri un o reolau'r gêm.

Y DYN YN Y CANOL
Mae'r dyfarnwr yn cychwyn a therfynu'r gêm trwy chwythu ei chwibanogl. Mae'n dangos cardiau melyn a choch pan gaiff chwaraewr ei rybuddio neu ei anfon o'r cae.

Trefniant 'W–M'

TREFNIANT CHWARAE
Gall tîm drefnu ei chwaraewyr amddiffyn ac ymosod a'i chwaraewyr canol cae fel y myn.

Trefniant '4–4–2'

AMSER CHWARAE
Caiff dau hanner o 45 munud yr un eu chwarae. Gall y dyfarnwr ychwanegu amser os bydd oedi mewn gêm.

Cerdyn coch

Chwibanogl y dyfarnwr

Cerdyn melyn

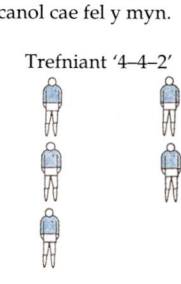

Ffasiynau pêl-droed

Mae gwisg y chwaraewr pêl-droed modern yn wahanol iawn i wisg y chwaraewyr proffesiynol cyntaf dros gan mlynedd yn ôl. Ym 1875 doedd dim rhifau ar grysau a byddai cit gwahanol gan bob un er mwyn eu hadnabod. Efallai mai'r esgidiau a newidiodd fwyaf: yn lle esgidiau 'arfog' y 19eg ganrif, ceir heddiw esgidiau hyblyg a soffistigedig sy'n pwyso ond un rhan o dair o'r rhai hen ffasiwn.

Y 1880au *uchod*
Yr adeg hon yr arfer oedd cicio â phen blaen y droed ac felly roedd yr esgidiau â'u blaenau o ddur neu gromiwm i warchod traed y ciciwr. Gwisgai chwaraewyr hefyd badiau dros eu hosanau i'w gwarchod rhag ciciau esgeulus.

Esgidiau'n uwch na'r migwrn

Esgidiau dechrau'r 20fed ganrif

Stydiau lledr wedi'u hoelio i'r gwadn

Gwadn lledr

Esgidiau canol yr 20fed ganrif

1930au–1950au
Er gwaethaf y siorts llaes, roedd y cit yn awr yn ysgafnach, er y pwysai'r esgidiau 500g (1 pwys) yr un.

Siâp mwy lliliniol

Y GOLWR
Dyma'r unig chwaraewr a gaiff gydio yn y bêl. Mae'n gwisgo crys lliw gwahanol i'r chwaraewyr eraill, ac weithiau fenig i gydio'n sownd yn y bêl, a chap â phig yn gysgod rhag yr haul.

Y 1990au *isod*
Tua 250g (8 owns) yn unig yw pwysau esgidiau pêl-droed modern. Newidiodd yr esgidiau wrth i'r chwarae newid – y chwaraewyr mwy medrus yn galw am esgidiau a fyddai'n caniatáu iddynt ddefnyddio eu cyflymder a'u rheolaeth dros y bêl.

Esgidiau diwedd yr 20fed ganrif.

GLASWELLT GWNEUD
Yn ystod y gaeaf a'r caeau chwarae'n wlyb mae rhai timau'n dewis chwarae ar gaeau o ddeunydd synthetig. Nid yw'r tywydd yn effeithio arnynt. Maen nhw'n gyffredin mewn pêl-droed Americanaidd.

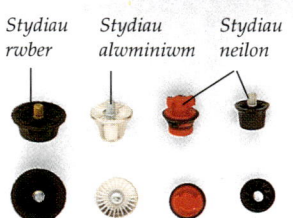

Stydiau rwber   *Stydiau alwminiwm*   *Stydiau neilon*

STYDIAU I'W CYFNEWID
Mae stydiau o ddeunydd a maint gwahanol yn addas i amgylchiadau gwahanol; stydiau rwber, fflat ar gaeau caled, rhai alwminiwm ar gaeau gwlyb, llithrig, a rhai neilon ar gae meddal ond cadarn.

'ESGIDIAU ASTRO'
Nid yw esgidiau â stydiau y mae'n bosibl eu cyfnewid yn addas i laswellt artiffisial. Rhaid gwisgo rhai hyfforddi. Yr esgidiau mwyaf cyffordus sy'n rhoi'r afael orau yw'r rhai â phatrwm o stydiau bach wedi eu mowldio i'r gwadn. Mae ganddynt 73 yn fwy o stydiau na'r esgid gyffredin.

Sut mae gwneud pêl bêl-droed

Heddiw mae llawer o beli pêl-droed a gêmau eraill yn cael eu gwneud o ddeunydd synthetig wedi ei fowldio i'r siâp iawn. Ond caiff peli timau proffesiynol eu gwneud o baneli o ledr wedi eu gwnïo o gwmpas pledren rwber. Dyma'r rhai gorau. Mae gan bêl ledr wrthiant gwell i'r aer ac nid yw'n simsanu wrth fynd trwy'r aer.

Lledr heb ei drin yn marcio'n hawdd

Carrai'n cau'r sêm olaf

PÊL CYN Y RHYFEL
Brown tywyll oedd lliw peli'r cyfnod hwnnw. Nid oedden nhw'n dda am gadw dŵr allan ac roedden nhw'n drwm ar dywydd gwlyb. Nid oedd yn bosibl cau'r sêm olaf ac roedd rhaid defnyddio carrai.

ESGUSODWCH FI!
Sgarmesoedd oedd y gêmau pêl-droed cyntaf – timau o 100 a mwy yn rhuthro trwy'r strydoedd yn erlid 'pêl' o bledren mochyn.

Pêl-droed yn yr Oesoedd Canol

Gwneud pêl ledr

Tyllau wedi'u pwnsio mewn paneli i'w gwnïo

Mae un nodwydd ar bob pen i'r edau gŵyr

Enw'r gwneuthurwr ar y paneli

Ymylon wedi'u torri i ffitio'n berffaith

Cyd-blethu edafedd a'u rhwbio mewn cwyr

1 TORRI'R PANELI
Mae cot o baent arbennig arnynt i gadw dŵr allan, a leinin cryf wedi ei ludio ar eu cefnau i wneud y lledr yn anystwyth a'i gadw rhag ymestyn. Caiff y lledr mwyaf cadarn ei ddefnyddio i wneud y peli mwyaf costus a lledr meddal i wneud y peli ymarfer rhatach. Caiff dau fath o baneli eu torri allan â chyllyll arbennig. Mae 18 o baneli yn y math hwn o bêl.

2 PWYTHO'R PANELI WRTH EI GILYDD
Mae'r pwythydd yn awr yn defnyddio dwy nodwydd ac edau o bum strand wedi'u cwyro i uno'r paneli ynghyd. Mae'r cwyr yn atal dŵr rhag treiddio i'r edau ac yn gwneud yr edau'n haws ei thrafod. Mae'r pwythydd yn dal y paneli mewn clamp arbennig (*gweler gyferbyn*) rhwng ei benliniau.

Hen offer gwneud peli

Pêl-droed Americanaidd

MAE PÊL-DROED AMERICANAIDD yn gêm gyffrous sy'n cael ei chwarae gan ddau dîm o 11 o chwaraewyr. Gall cymaint â 40 chwarae i bob tîm yn ystod un gêm. Gall y tactegau fod yn gymhleth, ond mae'r nod yn syml, sef sgorio pwyntiau trwy groesi llinell gôl y tîm arall â'r bêl yn y dwylo (cais), neu gicio'r bêl rhwng eu pyst gôl. Prif amcan y chwarae, felly, yw ennill tir a symud i fyny'r cae. Cafodd ei chwarae gyntaf yng ngholegau America yn niwedd y 19eg ganrif. Does yr un gêm arall â chymaint o gyswllt corfforol ynddi. Mae'r helmedau a'r padiau ysgwydd enfawr yn help i'w gwneud yn gêm ysblennydd a sioe dda. Mae'r rheolau ym mhêl-droed Canada ychydig yn wahanol.

Pêl-droediwr yn ei badiau'n mynd ar ras

Helmed bêl-droed

Masg wyneb plastig â haen o rwber drosto

SIOC-LADDYDDION *isod*
Yn yr helmed mae celloedd yn llawn aer neu hylif gwrthrew sy'n helpu i atal niweidiau trwy wasgaru effaith trawiadau.

HELMEDAU
Rhaid i bob chwaraewr wisgo helmed iawn a masg. Roedd y masgiau cyntaf o ledr wedi ei ferwi. Mae'r rhai modern o blastig gwydn. Gwisga'r rhan fwyaf darian geg hefyd i ddiogelu'r dannedd.

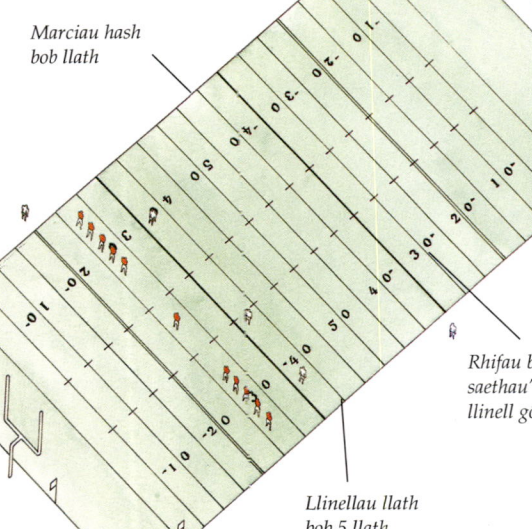

Llinell gôl

Marciau hash bob llath

Postyn gôl

Tir terfyn

Rhifau bob 10 llath â saethau'n pwyntio at y llinell gôl agosaf

Llinellau llath bob 5 llath

Y CAE
Gwna pob tîm bedair ymgais i symud ymlaen 9m (10 llath) i fyny'r cae. Yr enw ar bob ymgais yw 'down'. Os llwyddant, chwaraeant bedwar down arall neu mae'r gwrthwynebwyr yn ennill meddiant o'r bêl. Mae'r cae wedi ei farcio'n llathenni i dîm wybod faint mae wedi symud ymlaen.

HELMEDAU'R NFL
Mae enwau'r 28 tîm yn y National Football League (NFL) yn cynnwys enw eu dinas a llysenw'r tîm. Mae helmedau'r tîm yn aml yn cario logo'n cyfeirio at y llysenw.

GWROL RYFELWYR
Y tîm cyntaf i wisgo paent rhyfel oedd y Washington Redskins. Gwelodd y chwaraewyr fod peintio'u bochau yn lleihau effeithiau haul llachar. Gwnaeth timau eraill yr un peth a daeth yn olygfa gyffredin.

FEL Y BU
Mae enwau llawer o'r timau pêl-droed yn adlewyrchu natur ymosodol y gêm. Mae pob gornest yn frwydr â'r timau'n symud ymlaen neu yn ôl.

Cincinnati Bengals

Los Angeles Rams

Philadelphia Eagles

New York Jets

San Diego Chargers

Buffalo Bills

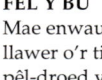
Seattle Seahawks

New York Giants

Padiau ysgwydd

YSGWYDDAU LLYDAN
Gall padiau brest ac ysgwyddau bwyso hyd at 2.5kg (5.5 pwys), yn dibynnu ar safle'r chwaraewr yn y tîm.

Mae modd cysylltu padiau'r fraich uchaf a'r padiau ysgwydd

CEFFYL YMARFER
Mae chwaraewyr yn adeiladu eu cryfder ac yn ymarfer eu techneg flocio ar y cyfarpar hwn.

PADIAU BRAICH
Mae maint padiau pob chwaraewr yn dibynnu ar ba mor gyflym ac ystwyth y mae'n rhaid iddo fod.

Menig heb fysedd yn gwarchod a rhoi rhyddid i symud

CRYSAU PÊL-DROED
Mae rhai'n gwisgo crysau tynn, a chaiff gwrthwynebwyr anhawster i afael ynddynt. Mae gan eraill grysau tenau iawn sy'n rhwygo'n hawdd. Rhaid i'r rhifau ar flaen y crys fod o leiaf 20cm (8 mod.) o uchder a'r rhai ar y cefn o leiaf 25cm (10 mod.).

Padiau penelin

MENIG
Mae rhai'n gwisgo menig i ddiogelu'r dwylo ac i afael yn y bêl, ac eraill dâp glud.

PA RIF?
Mae tri grŵp gwahanol o 11 ym mhob tîm: grŵp 'ymosod', 'amddiffyn', ac 'arbennig'. Aelod o'r grŵp ymosod fyddai'n gwisgo Rhif 34.

Pwysigrwydd padiau

Roedd ffurfiau cynnar ar bêl-droed Americanaidd yn beryglus iawn. Ym 1905 lladdwyd 18 o chwaraewyr o'r colegau a chafodd 150 eu hanafu'n ddifrifol. Bu raid newid rheolau ynghylch gwisg i wneud y gêm yn fwy diogel. Mae llawer yn defnyddio tâp glud i'w diogelu, a bydd rhai timau'n defnyddio mwy na 300 milltir o'r tâp mewn tymor!

PADIAU ASENNAU *chwith*
Heblaw'r helmedau a'r padiau ysgwydd mawr, gwisgant badiau i ddiogelu rhannau isaf y corff. Mae'r padiau asennau fel staes â chragen galed blastig. Cânt eu clymu i'r padiau ysgwyddau â strapiau ac yn y ffrynt â chareiau.

Strapiau clymu i'r padiau ysgwydd

PADIAU CLUN A MORDDWYD *isod*
Mae tri phad gwahanol yn diogelu'r pelfis, un i bob clun ac un i'r forddwyd. Cânt eu clymu ynghyd â strapiau sy'n cael eu gwau trwy bob pad a'u clymu yn y cefn.

Gorchudd plastig anhyblyg

Llawn o sbwng-ewyn

Padiau morddwyd

Padiau pen-glin

CLOS PEN-GLIN *uchod*
Gwisgant badiau clun a phadiau coesau o dan glos pen-glin tynn, sy'n lasio yn y ffrynt.

Padiau coesau o dan y clos pen-glin tynn

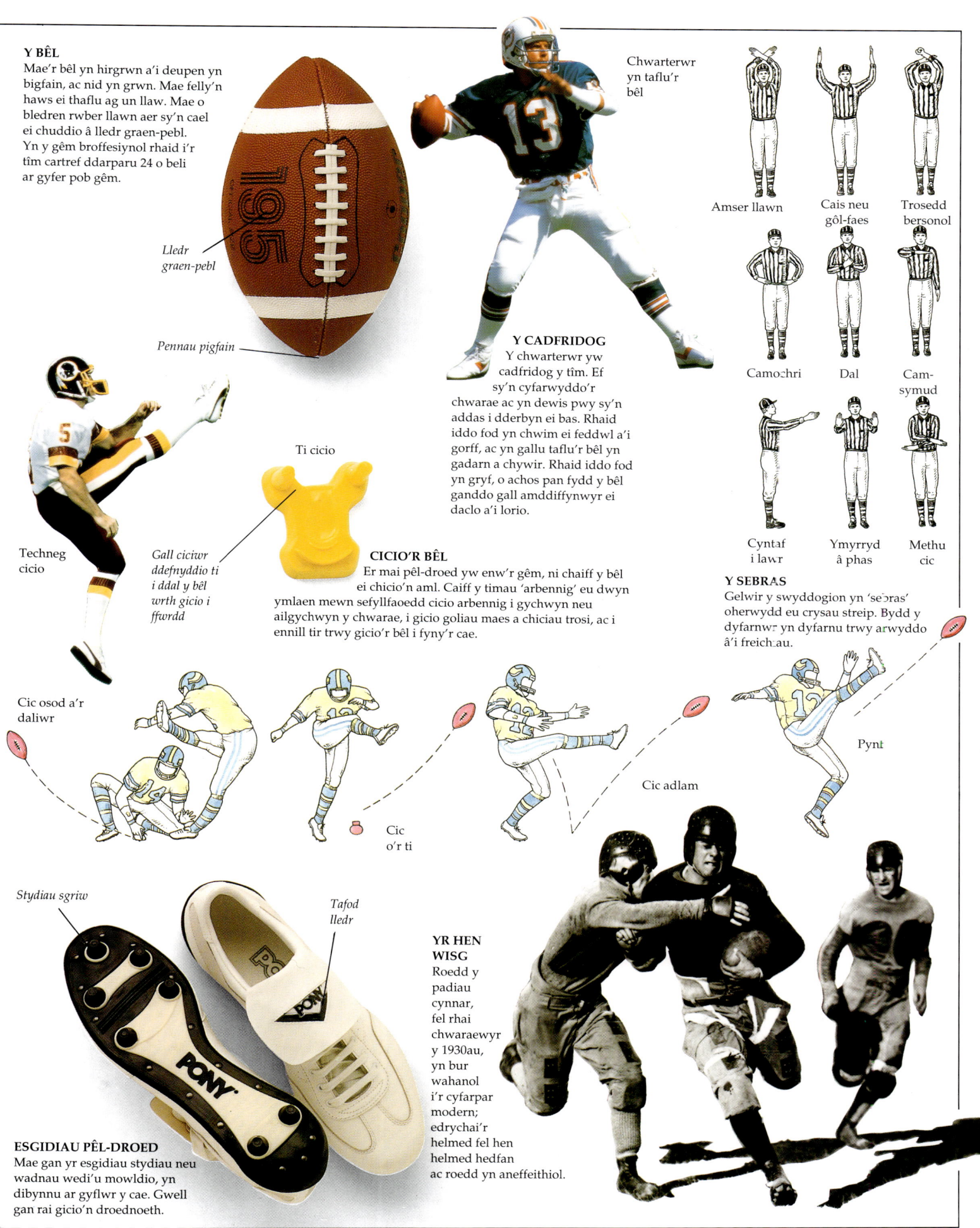

Y BÊL
Mae'r bêl yn hirgrwn a'i deupen yn bigfain, ac nid yn grwn. Mae felly'n haws ei thaflu ag un llaw. Mae o bledren rwber llawn aer sy'n cael ei chuddio â lledr graen-pebl. Yn y gêm broffesiynol rhaid i'r tîm cartref ddarparu 24 o beli ar gyfer pob gêm.

Lledr graen-pebl

Pennau pigfain

Chwarterwr yn taflu'r bêl

Amser llawn · Cais neu gôl-faes · Trosedd bersonol

Camochri · Dal · Cam-symud

Cyntaf i lawr · Ymyrryd â phas · Methu cic

Y CADFRIDOG
Y chwarterwr yw cadfridog y tîm. Ef sy'n cyfarwyddo'r chwarae ac yn dewis pwy sy'n addas i dderbyn ei bas. Rhaid iddo fod yn chwim ei feddwl a'i gorff, ac yn gallu taflu'r bêl yn gadarn a chywir. Rhaid iddo fod yn gryf, o achos pan fydd y bêl ganddo gall amddiffynwyr ei daclo a'i lorio.

Techneg cicio

Ti cicio

Gall ciciwr ddefnyddio ti i ddal y bêl wrth gicio i ffwrdd

CICIO'R BÊL
Er mai pêl-droed yw enw'r gêm, ni chaiff y bêl ei chicio'n aml. Caiff y timau 'arbennig' eu dwyn ymlaen mewn sefyllfaoedd cicio arbennig i gychwyn neu ailgychwyn y chwarae, i gicio goliau maes a chiciau trosi, ac i ennill tir trwy gicio'r bêl i fyny'r cae.

Y SEBRAS
Gelwir y swyddogion yn 'sebras' oherwydd eu crysau streip. Bydd y dyfarnwr yn dyfarnu trwy arwyddo â'i freichiau.

Cic osod a'r daliwr · *Cic o'r ti* · *Cic adlam* · *Pynt*

Stydiau sgriw · *Tafod lledr*

ESGIDIAU PÊL-DROED
Mae gan yr esgidiau stydiau neu wadnau wedi'u mowldio, yn dibynnu ar gyflwr y cae. Gwell gan rai gicio'n droednoeth.

YR HEN WISG
Roedd y padiau cynnar, fel rhai chwaraewyr y 1930au, yn bur wahanol i'r cyfarpar modern; edrychai'r helmed fel hen helmed hedfan ac roedd yn aneffeithiol.

Rygbi

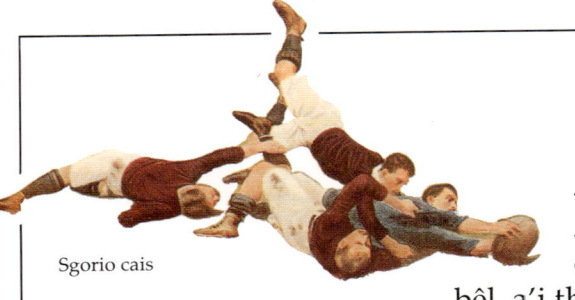

Sgorio cais

Mewn rygbi, caiff chwaraewyr gario a chicio'r bêl, a'i thaflu tuag yn ôl yn unig. Daw'r pwyntiau trwy lorio'r bêl dros linell gais y gwrthwynebwyr (cais), neu drwy ei chicio rhwng y pyst a thros y trawsbren. Cafodd y gêm ei henw o ysgol Rugby yn Lloegr lle cafodd ei chwarae gyntaf ym 1823. 'Dyfeisydd' y gêm oedd William Webb Ellis, disgybl yn yr ysgol, y cyntaf i godi'r bêl a rhedeg â hi mewn gêm bêl-droed. Ym 1895 bu dadlau ynghylch talu chwaraewyr am chwarae a chreodd hyn rwyg yng nghlybiau Lloegr. Ers hynny bu dwy ffurf ar y gêm. 'Rygbi'r Cynghrair' yw'r gêm ddiweddaraf, y gêm broffesiynol, lle caiff chwaraewyr eu talu, ac mae 13 o chwaraewyr mewn tîm. 'Rygbi'r Undeb' yw'r fersiwn fwy traddodiadol. Nid oes tâl, ac mae 15 mewn tîm. Mae rheolau'r ddwy gêm ychydig yn wahanol ond yr un yw'r syniad sylfaenol.

CWPAN WEBB ELLIS
Cafodd y cwpan ei enwi ar ôl 'sylfaenydd' y gêm. Bu'r gystadleuaeth gyntaf amdano ym 1987 pan gurwyd Ffrainc gan Seland Newydd yn y gêm derfynol.

GWERTH TRADDODIAD
Roedd y cwmni a wna'r peli gêmau rhyngwladol yma'n gwneud peli pêl-droed i ysgol Rugby ym 1823 pan gafodd y gêm gyntaf ei chwarae yno.

Pêl rygbi ledr fodern

CORRYN
Pan fydd chwaraewyr yn cloi yn ei gilydd i ffurfio 'sgrym', edrychant fel corryn enfawr â choesau di-rif. 'Bachwyr' yw'r chwaraewyr yng nghanol y sgrym. Nhw sy'n bachu'r bêl yn ôl i'w cyd-chwaraewyr.

CICIO'R GOLIAU isod
Uchder pyst gôl uchaf Rygbi'r Undeb yw 33.5m (110 tr.). Mae'r rhan fwyaf o chwaraewyr heddiw yn cicio'r bêl fel chwaraewyr pêl-droed; nid â blaen yr esgid.

Esgidiau rygbi ochrau uchel

CICIO'R BÊL chwith
Caiff chwaraewr rygbi wisgo esgidiau pêl-droed neu esgidiau arbennig ag ochrau uchel i gynnal ei figyrnau. Sgoriwyd y gic gôl hiraf i gael ei chofnodi ym 1932, sef 82m (270 tr.).

ENNILL CAPIAU
Dechreuodd yr arfer o gyflwyno capiau arbennig yn ysgol Rugby fel ffordd o ddiolch i aelodau'r tîm am eu hymdrechion. Erbyn hyn caiff chwaraewyr gêmau eraill hefyd gapiau am chwarae dros eu gwlad.

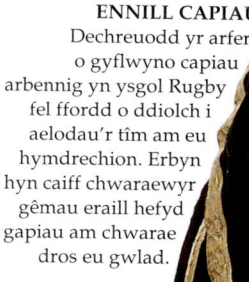

Cap rygbi 1908

DAWNS RYFEL Y MAORIAID
Y Crysau Duon yw enw'r Cymry ar dîm cenedlaethol Seland Newydd, a hynny oherwydd lliw eu crysau. Chwaraewyr Maori oedd y rhan fwyaf o dîm cyntaf Seland Newydd i deithio Cymru. Cyn pob gêm arferent berfformio 'haka', dawns ryfel draddodiadol. Mae hyn yn dal i ddigwydd cyn gêmau'r Crysau Duon.

Pêl fwy crwn o 1851

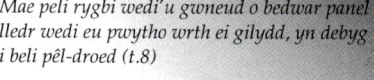

DATBLYGIAD Y BÊL *chwith*
Roedd peli rygbi cynnar yn llawer mwy crwn na'r rhai modern. Oherwydd eu siâp mae'n haws cario a thaflu peli modern.

RHEDEG Â'R BÊL
Un o'r golygfeydd mwyaf cyffrous mewn gêm rygbi yw chwaraewr yn dal y bêl cyn rhedeg ar hyd yr holl gae i sgorio cais, er gwaetha'r gwrthwynebwyr.

Mae peli rygbi wedi'u gwneud o bedwar panel lledr wedi eu pwytho wrth ei gilydd, yn debyg i beli pêl-droed (t.8)

DEUNYDD ARALL *de*
Mae'r gwneuthurwyr peli ar hyd y blynyddoedd wedi arbrofi â deunyddiau heblaw lledr. Mae croen mochyn, a hyd yn oed groen camel, yn dda i weithio â hwy, ond mae'r peli'n rhy lithrig.

Pêl groen camel

Hoci

Dywed rhai mai 'gêm bêl-droed sy'n cael ei chwarae â ffon a phêl griced yn lle pêl bêl-droed' yw hoci. Mae'n wir fod y ddwy gêm yn debyg i'w gilydd. Caiff hoci ei chwarae gan dimau o 11 a does dim cyswllt corfforol i fod. Mae murluniau'r Eifftiaid a'r Groegiaid yn awgrymu y byddai gêmau fel hoci'n cael eu chwarae mor bell yn ôl â'r drydedd ganrif CC. Byddai'r Rhufeiniaid yn chwarae gêm o'r enw *paganica* a ddefnyddiai ffyn â thro ynddynt a phêl wedi ei gorchuddio â lledr. Mae'r gêm fodern yn seiliedig ar y gêmau *hurling*, *bandy*, a *shinty* sy'n cael eu chwarae yn Ynysoedd Prydain, ond efallai i'r gair hoci ddod o'r gair Ffrangeg *hoquet* sy'n golygu ffon â thro ynddi.

CHWARAEWR FICTORAIDD
Daeth ffurf fodern y gêm yn boblogaidd gyntaf yn niwedd y 19eg ganrif.

Y GOLWR
Mae'n gwisgo padiau ychwanegol, gan gynnwys pad ar ei frest, helmed, a masg wyneb i'w warchod rhag peli sy'n symud hyd at 160km (100 milltir) yr awr.

Helmed golwr

Y GÊM FODERN *chwith*
Caiff hoci ei chwarae allan ac o dan do; ac ar bob lefel, o ysgolion i'r Gêmau Olympaidd, gan wŷr a gwragedd, ac ar laswellt naturiol a synthetig.

Llinell 22m (25 llath)

Y CAE
Cyn sgorio gôl rhaid bod y tu mewn i gylch taro'r gwrthwynebwyr. Mae'r gôl yn fach, dim ond 3.6m (12 tr.) o led a 2.1m (7 tr.) o uchder.

Cylch taro

Llinell hanner ffordd

Smotyn cosb

Ffon hoci allanol

GÊMAU'R INDIAID *isod*
Baggataway oedd enw'r ffurf gynharaf ar lacrós. Câi ei chwarae gan Indiaid Gogledd America fel hyfforddiant ar gyfer rhyfel.

Pêl lacrós

Rhwydi o goludd, croen amrwd, neu gortyn

Ffrâm rwyd blastig

CICWYR
Y golwr yw'r unig un a gaiff gyffwrdd â'r bêl â'i draed. Mae'n gwisgo 'cicwyr' arbennig dros ei esgidiau i flocio'r bêl a'i chicio o'r gôl.

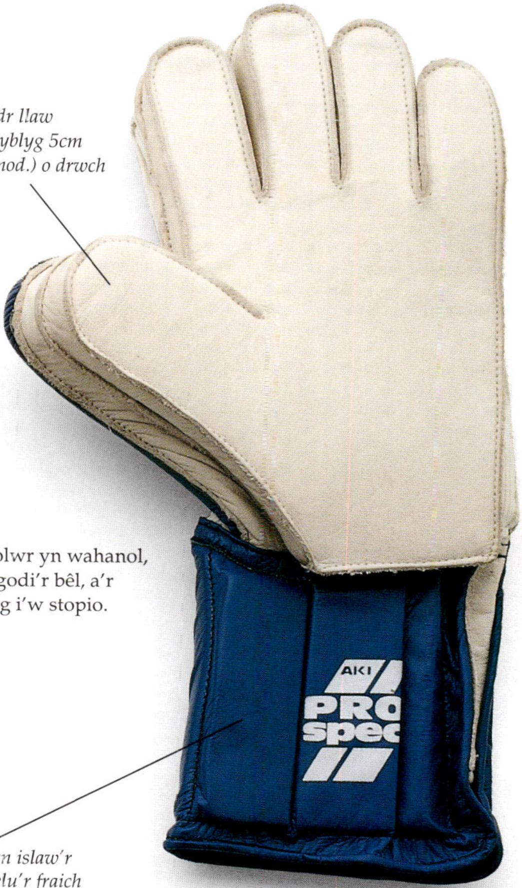

Cledr llaw anhyblyg 5cm (2 mod.) o drwch

Strapiau'n ffitio dros esgidiau cyffredin

Padiau i ddiogelu'r traed rhag y bêl galed

ESGIDIAU
Mae'r math o esgid yn dibynnu ar y cae chwarae – rhai fel esgidiau pêl-droed ar laswellt, a rhai fel y rhain â llawer o stydiau ynddynt ar arwyneb synthetig.

MENIG
Mae menig y golwr yn wahanol, un yn hyblyg i godi'r bêl, a'r llall yn anhyblyg i'w stopio.

Dros 60 o stydiau wedi'u mowldio ar wadn

PEN Y FFON *isod*
Mae i'r ffon ochr gron ac ochr fflat i daro'r bêl. 5cm (2 mod.) yw lled swyddogol y ffon.

Padiau'n ymestyn islaw'r arddwrn i ddiogelu'r fraich

Ffon dan do

Y BÊL
Mae'n galed, fel arfer yn wyn, a thua'r un faint a phêl griced neu bêl bêl-fas.

MATHAU O FFYN *uchod*
Rhai o bren onnen yw'r rhan fwyaf o'r ffyn modern, a'r goes o gansen. Mae'r gwneuthurwr yn plygu'r pen ag ager fel bod graen y pren yn dilyn y tro ac yn cryfhau'r ffon. Mae'r ffyn dan-do yn ysgafnach a meinach.

Dynes yn chwarae ym 1912

Ffon henffasiwn

Lacrós
Gêm debyg i hoci yw hon ond bod rhwyd ar y ffon. Mae'n bosibl taflu, dal, a chario'r bêl. Ymsefydlwyr Ffrengig yng Ngogledd America a roddodd yr enw i'r gêm am fod y tro yn y ffon yn eu hatgoffa o ffon neu *crozier* yr esgob (*la crosse*).

Mae croesau'r gwragedd yn fyrrach na rhai'r dynion fel arfer.

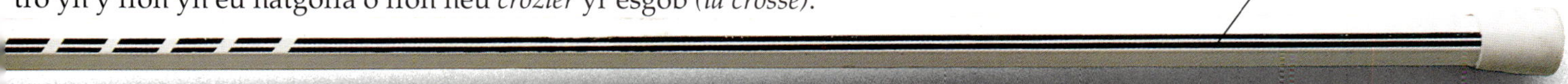

FFON LACRÓS
Pren hicori oedd y deunydd traddodiadol ond heddiw ceir ffyn plastig. Rhaid i'r rhwyd fod yn dynn, rhag i'r bêl fynd yn sownd ynddi.

CROSSE INDIAIDD *de*
Amrywiai ffyn y chwaraewyr cyntaf yn ôl y llwyth. Roedd addurn plu adar ar lawer.

Hoci iâ

Hoci ar iâ yw'r gêm hon. Datblygodd o hoci'r gaeaf a gâi ei chwarae ar byllau dŵr a llynnoedd oedd wedi rhewi. Ond mae ffurfiau modern y ddwy gêm yn wahanol iawn. Chwe chwaraewr sydd mewn tîm hoci iâ, mae'r ffyn yn hirach ac mae pyc, sef disg o rwber caled, yn lle pêl. Fel arfer caiff hoci iâ ei chwarae dan do, ac mae tymheredd yr iâ'n cael ei reoli'n awtomatig. Caiff wyneb yr iâ ei adnewyddu rhwng pob un o'r tri chyfnod 20 munud.

Helmed hoci iâ

Chwaraewr modern mewn cit.

GÊM GYFLYM
Dyma gêm gyflymaf y byd. Mae llawer o gyswllt corfforol ynddi, a'r chwaraewyr yn gorfod gwisgo padiau i'w diogelu wrth iddynt daro yn erbyn ochrau'r rinc.

Padiau penelin

YR ARFWISG
Heblaw'r eitemau a welwch yma gwisga'r chwaraewyr siorts arbennig â phadiau trwchus wedi eu gwnïo ynddynt i ddiogelu'r coesau wrth iddynt syrthio ar yr iâ. Mae baglu gwrthwynebydd yn fwriadol yn drosedd a chaiff troseddwr ei gosbi trwy ei roi yn y gell gosb am 2–10 munud, yn dibynnu ar y drosedd.

Padiau'r ysgwyddau a'r frest

MENIG
Mae menig y chwaraewyr maes wedi'u padio, ac o ledr neu ddeunydd synthetig. Mae'r capiau blaen bysedd yn galed i ddiogelu'r dwylo. Mae golwr yn gwisgo dau fath o fenig, 'dalydd' ar un llaw a 'blocydd' ar y llall.

RHEWI'R PYC
Disg o rwber caled yw'r pyc. Caiff ei rewi cyn gêm iddo gadw'i siâp cyhyd ag sy'n bosibl.

Y RINC IÂ
Caiff rhan chwarae'r rinc ei rhannu'n barthau amddiffyn, niwtral, ac ymosod â llinellau glas. Mae'r gêm yn dechrau trwy i un o'r ddau ddyfarnwr ollwng y pyc yn y cylch canol ac i un o bob tîm gystadlu amdano. I ailgychwyn ar ôl trosedd, mae'r dyfarnwr yn gollwng y pyc yn y cylch agosaf at y lle y digwyddodd y drosedd.

Pyst gôl coch
Cylch ailgychwyn
Parth ymosod
Parth niwtral
Cylch canol
Parth amddiffyn
Llinellau'r parthau

COCYN HITIO
Mae angen mwy o wisg amddiffynnol ar y golwyr a hwythau'n gorfod atal ergydion pyc yn teithio hyd at 190 km (118 milltir) yr awr.

Ffon y golwr
Ffon chwaraewr maes

FFON Y GOLWR
Mae'n drymach na ffyn y lleill, y llafn yn lletach, a gwaelod y goes yn llydan iawn i amddiffyn y gôl.

NODDFA'R PADIAU
Mae'r padiau ar y pennau gliniau a'r coesau o blastig cryf ac ewyn trwchus. Mae hosanau hir drostynt. Rhaid i bob gwisg ddiogelu fod o dan y wisg allanol, ar wahân i fenig a helmed, a phadiau coesau'r golwr.

FFYN *chwith*
Mae ffon hoci iâ yn hynod o hir, ac yn 135cm (4 tr. 5 mod.) o ben y goes i'r 'sawdl'. Mae'r llafn crwm dros 30 cm (12 mod.) o hyd. Mae ffyn modern o bren haenog fel arfer.

Sgetiau rasio Seisnig cynnar
Sgetiau hoci iâ
Torvill a Dean, pencampwyr dawnsio iâ
Padiau coesau

SGETIAU
Bu sglefrio'n hwyl gaeaf poblogaidd ers amser maith. Darnau o asgwrn neu bren wedi eu rhwymo o gwmpas esgidiau oedd y sgetiau cyntaf. Daeth llafnau metel yn yr 17eg ganrif. Mae'r llafnau tua 0.42cm (1/6 mod.) o drwch – yn fyrrach ac yn fwy trwchus na'r rhai sy'n cael eu defnyddio ar sgetiau sglefrio ffigurau a sgetiau rasys sglefrio.

DAWNSIO IÂ *chwith*
Mae gosgeiddrwydd a harddwch sglefrio ffigurau a dawnsio iâ yn gwrthgyferbynnu'n ddramatig â chyflymder a gwrthdaro hoci iâ.

Pêl-fasged

Dyfeisiwyd y gêm ym 1891 pan hoeliodd offeiriad yng Nghanada ddwy fasged eirin gwlanog wrth falconïau ar bob pen i gampfa leol. Pwrpas y gêm yw sgorio pwyntiau trwy daflu'r bêl i 'fasged' y tîm arall. Caiff ei chwarae ar gwrt dan do. Mae hawl i daflu ac adlamu, ond nid i gario, na chicio'r bêl. Oherwydd uchder y basgedi, mae llawer o chwaraewyr yn dal iawn – y talaf yn 2.45m (8 tr.)!

Harlem Globetrotter

Mae'r bêl-fasged yn mesur 75–78cm (30–31 mod.) o'i hamgylch

Cylch pêl-fasged

AMSER ALLAN Gall y ddau dîm alw 'amser allan' am un funud ddwywaith ym mhob hanner o'r gêm i drafod tactegau.

Llinell tafliad rhydd

Bwrdd cefn

Caiff ymosodwyr fod yn y rhan hon o'r cwrt am 3 eiliad yn unig ar y tro

CYRTIAU GWAHANOL Y cwrt hwn yw'r math sy'n cael ei ddefnyddio o dan reolau FIBA (Federation Internationale de Basketball Amateur). Mae rheolau'r UD ychydig yn wahanol, y cyrtiau'n fwy ac wedi eu marcio mewn ffordd wahanol.

Chwaraewr yn gwneud *dunk-shot*

Esgidiau pêl-fasged â migyrnau uchel wedi eu padio

Pêl-rwyd

Dyma un o'r ychydig gêmau sy'n cael eu chwarae gan wragedd yn unig. Mae'n debyg i bêl-fasged ond bod y cwrt ychydig yn fwy, saith chwaraewr yn lle pump, a rhwydi ar bolion yn lle ar fyrddau cefn. Fel pêl-fasged, mae ei gwreiddiau yn yr UD yn ail hanner y 19eg ganrif.

SYMUD GYDA'R BÊL
Nid oes hawl cario'r bêl. Caiff y chwaraewyr sy'n dal y bêl droi i unrhyw gyfeiriad ond gan gadw un droed ar yr un smotyn.

Pêl-rwyd

PARTHAU CHWARAE
Caiff chwaraewyr unigol chwarae mewn parthau arbennig o'r cwrt yn unig. Gwisgant lythrennau ar eu gwisg i'r dyfarnwr wybod eu bod yn y parth cywir.

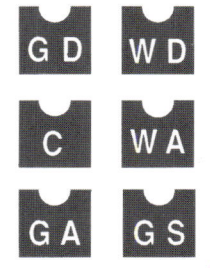

Pêl-foli

Mae'n groesiad o bêl-fasged a badminton (t.35). Ynddi bydd timau o chwech yn taro pêl dros rwyd gan ddefnyddio eu dwylo a'u breichiau, neu unrhyw ran arall o ran uchaf eu cyrff. Caiff pob tîm gyffwrdd â'r bêl hyd at deirgwaith cyn iddi groesi'r rhwyd.

WRTH Y RHWYD *chwith*
Oherwydd uchder y rhwyd, rhaid i'r chwaraewyr sy'n ymosod neidio'n uchel i fedru taro'r bêl i lawr. Ni chaiff chwaraewyr gyffwrdd â'r rhwyd nac ymestyn drosti i mewn i ochr cwrt y tîm arall.

Y BÊL *de*
Mae'r bêl bêl-foli'n ysgafn ac o un lliw. Mae'n llai na pheli pêl-rwyd a phêl-fasged.

Pêl-fas

Dyma gêm genedlaethol swyddogol yr UD. Mae'n debyg i nifer o gêmau bat a phêl cynharach, fel y gêm Seisnig 'rownderi' a ddaeth i America yn y 18fed ganrif gyda'r ymsefydlwyr cynnar. Caiff ei rhannu'n naw cyfnod neu 'fatiad', a thra bod un tîm o naw chwaraewr yn batio mewn cyfnod, bydd y tîm arall yn maesu. Rhaid i'r batwyr daro'r bêl, rhedeg rhwng basau sefydlog a sgorio rhediadau, tra mae'r maeswyr yn ceisio cael y batwyr allan trwy ddal y bêl neu gyffwrdd â'r rhedwr â'r bêl wrth iddo redeg rhwng y basau. Sêr y gêm yw'r rhai a all daro'r bêl bellaf, a'r record yw 188m (618 tr.).

Joe DiMaggio tua'r 1940au

RHEDIAD ADREF
Os bydd batiwr yn taro'r bêl yn ddigon pell, gall redeg o gwmpas y pedwar bas ar un cynnig a sgorio 'rhediad adref'. Yr amser byrraf a gymerwyd i redeg hwn, sef tua 108m (360 tr.), yw 13.3 eiliad.

PENWISG HANFODOL
Cafodd rhai eu hanafu'n dost a hyd yn oed eu lladd gan beli'n teithio hyd at 145 km (90 milltir) yr awr, felly mae helmed blastig y batiwr yn hanfodol.

Helmed y batiwr

'Babe Ruth', chwaraewr llaw-chwith tua'r 1920au

Y safle taro

Bat pren

Bat alwminiwm

Y SAFLE TARO
Mae hwn yn union uwchben y 'bas cartref' a rhwng cesail y batiwr a'i bennau gliniau. Yr enw ar bêl a gaiff ei phitsio yma yw 'trawiad'. Caiff y batiwr hyd at dri thrawiad i geisio taro'r bêl i'r maes.

BATIAU
Dim ond batiau pren a gaiff eu defnyddio yng nghynghrair uchaf y gêm er bod batiau alwminiwm yn para'n hirach ac yn taro'r bêl ymhellach. Rhaid i faril y bat fod yn berffaith grwn.

MENIG
Gwisga'r rhan fwyaf o fatwyr un neu ddwy faneg denau o ledr rhag i chwysigod ffurfio ar y bysedd.

CRYSAU
Nid oes hawl gwisgo crysau â phatrwm arnynt neu arwydd sy'n edrych fel pêl-fas, na gwydr gloyw neu fetel sgleiniog a allai adlewyrchu'r haul yn llygaid chwaraewr arall. Rhaid i bob crys gael rhif sydd o leiaf 15cm (6 mod.) o uchder ar ei gefn. Mae rhai chwaraewyr yn gwisgo crysau isaf â llewys hir yn ogystal.

Y TU MEWN I'R BÊL
Pwysa'r bêl-fas rhwng 142 a 156g (5–5.5 owns). Mae'r peli gorau â chroen buwch neu groen ceffyl drostynt wedi'u trin ag alwm. Maent wedi eu gwnïo â llaw.

Pêl-fas

Gafael sy'n gwneud i'r bêl grymu tuag allan

PITSIO
Rhaid i'r pitsiwr allu pitsio peli araf a chyflym sy'n crymu yn yr awyr i gyfeiriadau gwahanol. Mae'r math o bitsio yn dibynnu ar sut y bydd yn gafael yn y bêl.

Stribedi croen ceffyl

Pwythau coch allanol

Edafedd gwlân

Canol o gorc

Cas rwber y tu mewn

Cas edau gotwm y tu allan

Edafedd gwlân

Pitsiwr pêl-fas

GÊM RYNGWLADOL
Gêm Americanaidd yw hi'n bennaf ond mae selogion mewn gwledydd eraill yn ei chwarae hefyd. Y corff sy'n cyd-drefnu'r gêm trwy'r byd yw'r Gymdeithas Bêl-fas Ryngwladol.

Y 'DIEMWNT'
O gwmpas y diemwnt pêl-fas mae pedwar bas sy'n amgylchu'r maes mewnol. Caiff y lle chwarae y tu allan i'r diemwnt ei rannu yn faes allan, a hefyd tir trosedd lle na ddylai'r bêl gael ei tharo. Slabiau o rwber gwyn yw'r plât cartref a rwber y pitsiwr a bagiau cynfas llawn o sylwedd meddal yw'r basau eraill.

Tir trosedd • Maesydd allan • Ail fas • Trydydd bas • Maes mewnol • Pitsiwr • Batiwr • Daliwr • Dyfarnwr • Bas cartref • Bas cyntaf

Trywsusau pêl-fas

LLODRAU
Mae'r trywsusau pêl-fas traddodiadol yn cyrraedd ychydig islaw'r pennau gliniau. Mae gwartholion ar wahân yn cael eu gwisgo dros hosanau.

Gwartholion

LLITHRO I'R BAS
Mae batiwr allan os yw chwaraewr â'r bêl yn cyffwrdd y bas cyntaf cyn iddo ef wneud hynny. Mae rhedwyr yn eu hyrddio'u hunain i mewn i'r basau eraill i osgoi cael eu tagio allan.

Platiau esgid metel • Plât sawdl plastig • Platiau blaen traed plastig

ESGIDIAU PÊL-FAS
Mae'r math o esgid yn dibynnu ar y cae; a yw'n naturiol neu'n synthetig. Ar laswellt naturiol caiff platiau sodlau a phlatiau blaenau'r traed eu sgriwio i mewn i'r gwadnau, ond nid oes caniatâd i sbigynnau.

Criced

Mewn criced a phêl-fas (t.22) mae'r timau'n batio a maesu yn eu tro. Ond mae dau fatiwr bob amser ar y cae chwarae mewn criced. Rhaid iddynt amddiffyn y 'wiced' â'u batiau, a sgorio trwy redeg rhwng dwy wiced ar bob pen i stribed cul. Sgoriant bedwar rhediad trwy daro'r bêl dros ffin y cae, a chwech os croesa'r bêl y ffin heb gyffwrdd â'r ddaear. Mae'n debyg y byddai gêmau bat a phêl fel hon yn cael eu chwarae yn Lloegr mor bell yn ôl â'r 13eg ganrif.

Bonheddwr o gricedwr

Y LLAIN
Stribed cul o laswellt wedi ei dorri'n glòs, 20m (66 tr.) o hyd yw'r llain griced. Mae wiced ar bob pen. Mae'r bowlwyr yn bowlio pelawd (sef dilyniant o chwe phêl) o un wiced ac yna belawd o'r llall.

Wicedwr · *Wiced* · *Batiwr* · *Cris bowlio* · *Bowliwr* · *Dyfarnwr*

Replica o fat o'r 18fed ganrif

ESGIDIAU
Mae'n well gan lawer o gricedwyr wisgo esgidiau ochrau uchel a sbigynnau sgriw metel. Mae'n draddodiad bod y wisg a'r esgidiau yn wyn neu'n agos at wyn.

Sbigynnau sgriw

Menig wicedwr

Rwber plorynnog

BOWLIO
Mae bowlwyr yn bowlio dros-ysgwydd fel bod y bêl yn bowndio unwaith cyn cyrraedd y batiwr. Mae bowlwyr araf yn troelli'r bêl â'u bysedd i droi'r bêl tuag at y batiwr neu oddi wrtho. Mae rhai cyflym yn bownsio'r bêl ar ei sêm sydd wedi ei chodi i gael effaith debyg.

GÊM GYNNAR
Yn y 18fed ganrif roedd pum chwaraewr mewn tîm, un wiced, a honno â dau stwmp nid tri.

Y BÊL
Mae pêl griced yn cael ei gwneud fel pêl-fas (t.23), ond mae lledr coch drosti a chanddi sêm syth wedi ei bwytho.

Catiau

Y WICEDWR
Gwaith tebyg i waith y daliwr ym mhêl-fas (t.21) sydd ganddo. Fel gyda'r daliwr, mae padiau am ei goesau oherwydd ei fod yn agos at y batiwr. Mae ei fenig wedi'u padio, ac mae rwber plorynnog ar eu cledrau i'w gwneud hi'n haws gafael yn y bêl.

Y BATIAU CYNTAF
Mae'n bosibl mai gwraidd y gair 'criced' yw 'cric', hen air Saesneg am ffon fugail a oedd yn debyg i'r batiau cynharaf. Roedd batiau'r 18fed ganrif yn hir, yn drwm ac â thro yn y llafn. Ni ddefnyddiwyd y bat syth modern nes i fowlio dros-ysgwydd ddod.

WICEDI
Roedd cymaint o ddadlau ynghylch a oedd pêl wedi mynd rhwng y ddau stwmp neu beidio fel y dechreuwyd defnyddio stwmp canol ychwanegol. Mae'r wicedi modern o onnen ac maent yn 71 cm (28 mod.) o uchder.

Stympiau

26

Sut mae gwneud batiau criced

Pan ddechreuodd bowlio'n gyflym dros-ysgwydd yn gynnar yn y 19eg ganrif, gwelodd batwyr fod angen batiau ysgafnach, haws eu trafod. Daw'r bat modern o'r amser hwnnw, ac, er i'w ddyluniad gael ei wella, ychydig o newid sydd wedi bod. Mae'r llafn o bren helygen yn amsugno trawiad y bêl, ac mae'r goes o gansen a rwber sy'n diogelu'r dwylo rhag ysgytiad pan gaiff y bêl ei tharo.

Y GOEDEN
O 36 amrywiad yr helygen Seisnig, y *Salix coerulea* a'r *S. virida* yn unig sy'n addas i'w gwneud yn fatiau criced o'r ansawdd gorau. Maent yn brennau ysgafn â graen syth iawn.

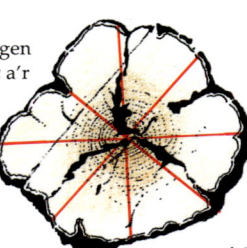

DEFNYDDIO'R PREN
Caiff pob rhan o'r boncyff ei defnyddio i wneud rhwng 6 ac 8 bat. Mae'n dibynnu ar faint ac ansawdd y boncyff.

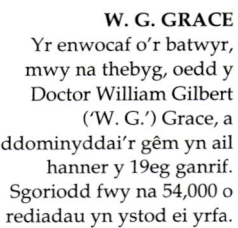

W. G. GRACE
Yr enwocaf o'r batwyr, mwy na thebyg, oedd y Doctor William Gilbert ('W. G.') Grace, a ddominyddai'r gêm yn ail hanner y 19eg ganrif. Sgoriodd fwy na 54,000 o rediadau yn ystod ei yrfa.

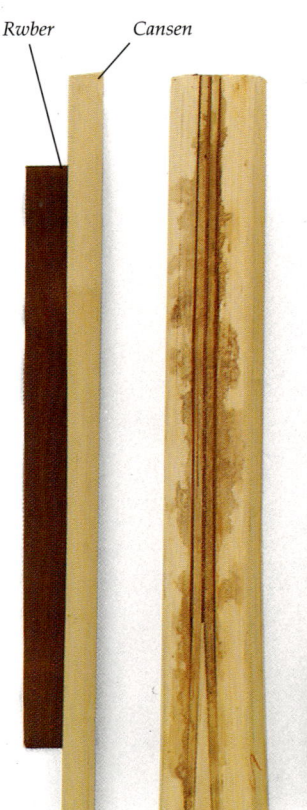

Rwber   *Cansen*

Cortyn yn dynn am y ddolen

COES
Caiff y goes ei gwneud o ddarnau o gansen Sarawak a stribedi o rwber wedi eu rhwymo ynghyd yn dynn â glud.

1 HOLLTI'R BONCYFF
Caiff pob darn o hyd 70cm (28 mod.) ei dorri o'r boncyff yn segmentau cyn torri'r rhisgl i ffwrdd. Y gwynnin ifanc allanol o liw goleuach na'r rhuddin sy'n gwneud y batiau gorau.

Gwynnin

2 Y BROSES SYCHU
Caiff y segmentau eu llifio'n 'llafnau', eu pentyrru, a'u gadael i sychu am 2–4 wythnos. Yna cânt eu sychu mewn odyn am 4–6 wythnos arall.

CREFFT DRADDODIADOL

Mae gwneud batiau criced yn grefft sy'n gofyn medr, ac ychydig o newid fu ynddi ar hyd y blynyddoedd. Cânt eu siapio a'u gorffen bron i gyd â llaw. Oherwydd ei brofiad gall y gwneuthurwr batiau ddidoli'r pren amrwd yn brennau o wahanol raddau. Caiff safon y bat gorffenedig ei farnu trwy guro'r llafn â gordd bren. Gall crefftwr ddweud sut fat ydyw wrth ei sŵn.

Mae gafaelion rwber dros y goes

Siapio ysgwyddau'r bat

Rhoi ffurf i ysgwyddau'r bat

Siapio gwaelod y bat

Mae rhai batwyr yn hoffi rhigolau yng nghefn y bat. Maent yn effeithio ar nodweddion trafod y bat

GOFALU AM Y BAT

Rhaid rhoi cot ysgafn o olew had llin â chlwtyn meddal i lafn helygen bat newydd, a rhoi olew ar flaen, ymylon, a throed y bat yn rheolaidd i gadw'r pren yn iach. Rhaid gofalu cadw'r bat yn sych oherwydd gallai lleithder ei hollti.

Ffibrau pren wedi eu cywasgu

3 SIAPIO A CHYWASGU
Yn awr caiff y llafn sych ei siapio a'i gywasgu gan beiriant arbennig. Mae'r gwasgedd o ryw 2 dunnell fetrig yn caledu'r bat ac yn dangos unrhyw wendidau cudd yn y pren.

4 TORRI'R SBLEIS
Caiff y bat ei blaenio a'i lyfnhau â llaw, a'r 'sbleis' siâp V ei dorri ym mhen uchaf y bat, yn barod i'r goes gael ei rhoi ynddo (*gweler gyferbyn*).

5 GOSOD Y GOES
Caiff y goes ei thurnio a'i gosod yn y sbleis â glud cryf iawn, cyn clymu cortyn o'i chwmpas.

6 CYFFYRDDIADAU OLAF
Caiff y bat gorffenedig ei dywodi a'i lathru. Os yw'r holl bren o'r un lliw, efallai y caiff ei gannu neu ei orchuddio â lliain cyn cael sêl bendith y gwneuthurwr.

Tennis

Caiff tennis ei chwarae gan ddau neu bedwar o bobl ar gwrt wedi'i rannu'n ddwy gan rwyd isel. Mae rhaced gan bob un ac mae'n sgorio pwyntiau trwy daro'r bêl dros y rhwyd ac i gwrt y llall fel na all ef ei tharo'n ôl. Datblygodd tennis 'real' (brenhinol) yn Ffrainc yn yr Oesoedd Canol ac roedd yn boblogaidd gan bendefigion Ewrop yr 16eg ganrif. Dechreuwyd chwarae 'tennis lawnt' gyntaf yn y 19eg ganrif. Daeth yn boblogaidd yn gyflym ymysg gwŷr a gwragedd. Heddiw caiff y gêm ei chwarae ar gyrtiau clai, sment, pren, a phlastig, yn ogystal â glaswellt.

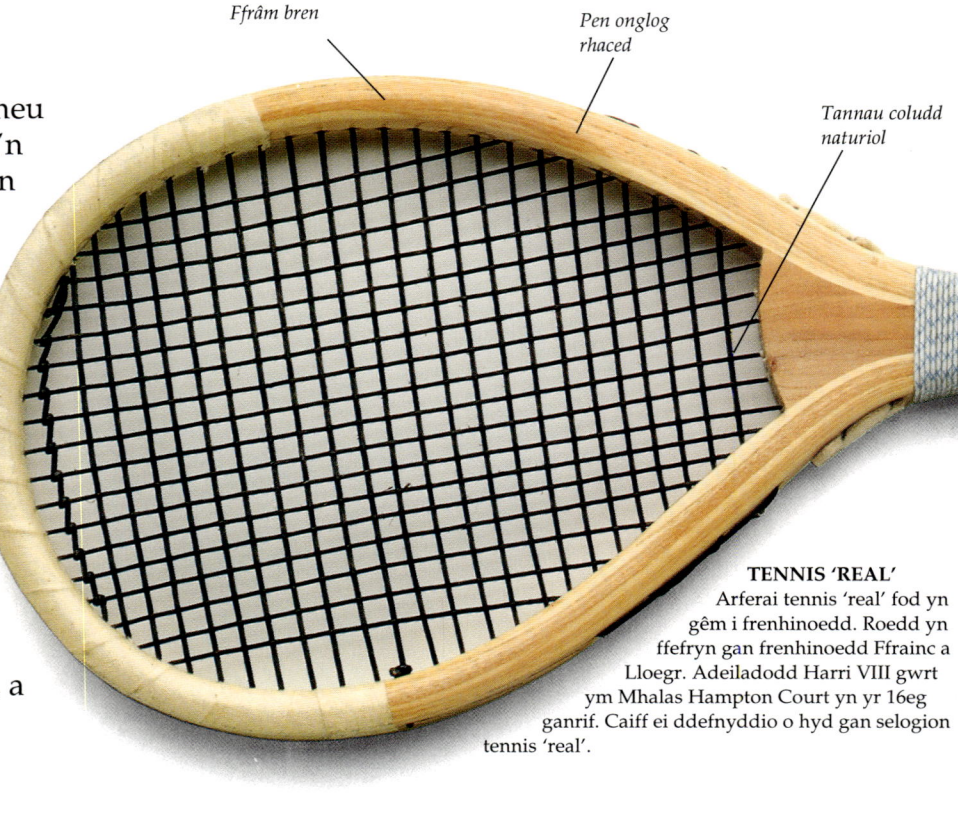

Ffrâm bren
Pen onglog rhaced
Tannau coludd naturiol

TENNIS 'REAL'
Arferai tennis 'real' fod yn gêm i frenhinoedd. Roedd yn ffefryn gan frenhinoedd Ffrainc a Lloegr. Adeiladodd Harri VIII gwrt ym Mhalas Hampton Court yn yr 16eg ganrif. Caiff ei ddefnyddio o hyd gan selogion tennis 'real'.

Bwrdd sgorio henffasiwn

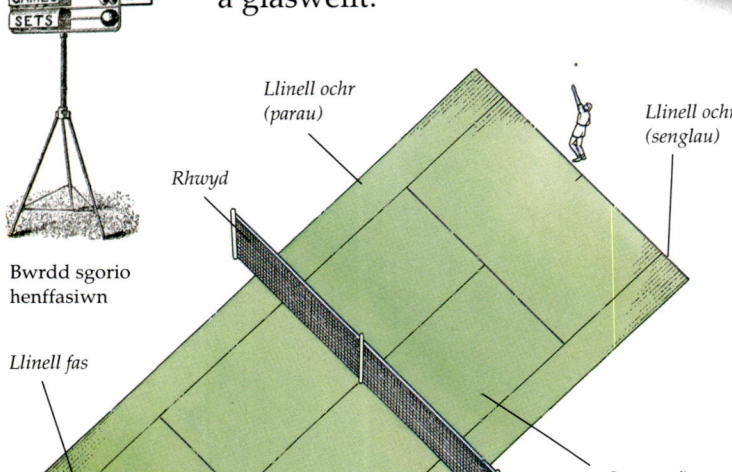

Llinell ochr (parau)
Rhwyd
Llinell ochr (senglau)
Cwrt serfio
Llinell fas
Y cwrt tennis

Gafael
Rhaced tennis lawnt

GÊM, SET A GORNEST
Mae'r gwyrthwynebwyr yn serfio bob yn ail gêm. I ennill set rhaid ennill chwe gêm, ac i ennill yr ornest rhaid ennill o leiaf ddwy set ac weithiau dair. Mae angen hyd at 11 o swyddogion, ar wahân i'r dyfarnwr, yn y gornestau pwysig. Eisteddant o gwmpas ymylon y cwrt yn barnu a ydyw'r bêl 'i mewn' neu 'allan'.

BETH SY MEWN ENW?
Daeth tennis yn boblogaidd gyntaf yn ystod y 1870au, a'r enw ar y gêm oedd *sphairistike*, y gair Groeg am gêm bêl. Cyn hir, câi ei galw'n 'sticky'.

Y bêl dennis

Nid oedd y datblygiad o dennis 'real' ar gyrtiau dan do i dennis lawnt yng ngerddi plasau'r boneddigion yn ddidramgwydd. Yn wir, cyn i hyn ddigwydd bu raid i rywun ddyfeisio pêl a allai fowndio ar laswellt!

PELI 'REAL'
Rhai o groen dafad oedden nhw, ac wedi eu llenwi â blawd llif neu wlân ac ni allent fowndio ar laswellt.

Coeden rwber *Hevea brasiliensis*

RWBER AMRWD
Daw latecs (rwber) o foncyffion coed arbennig. Yn y 19eg ganrif daeth pobl â hadau'r goeden rwber i Ewrop a'u tyfu'n fasnachol.

CWRT CLWYSTY
Mae gan gyrtiau tennis 'real' doeau oriel yn ymwthio o gwmpas tair o'r pedair ochr. Caiff pwyntiau eu hennill yn ôl sut y caiff y bêl ei tharo i mewn i'r orielau a thrwyddynt. Mae'r cwrt yn debyg i gwlysty mynachlog lle cafodd y gêm ei chwarae gyntaf.

YN Y GADAIR
Mae'r dyfarnwr yn eistedd ar gadair uchel wrth y rhwyd i gael yr olwg orau posibl ar y chwarae. Mae'n cyhoeddi'r sgôr wedi i bob pwynt gael ei chwarae.

Rhaced tennis 'real'

WIMBLEDON
Caiff y campwriaethau tennis hynaf a phwysicaf eu cynnal yn yr All England Tennis and Croquet Club, Wimbledon, Llundain. Bu'r rhai cyntaf ym 1877.

Ffrâm graffit

Gwddf

RHACED YR OES OFOD
Mae'r rhaced dennis fodern yn gryfach ac yn fwy nerthol nag y bu erioed. Cyfrifiaduron sy'n ei dylunio a chaiff ei gwneud o ddefnyddiau a ddatblygwyd i ddiwydiant y gofod.

Tannau synthetig

Pen

SUT MAE GWNEUD Y BÊL
Mae'r rwber wedi ei fwlcaneiddio (ei drin â swlffwr ar dymheredd uchel) i'w wneud yn gryf ac yn elastig. Mae canol y bêl yn wag. Caiff ei chwblhau trwy ludio dau hanner wrth ei gilydd.

GORCHUDD Y BÊL
Roedd y bêl blaen rwber yn llithrig pan oedd yn wlyb ac felly dyfeisiwyd gorchudd o wlanen iddi. Mae cymysgedd o wlân a ffibrau synthetig yn gorchuddio peli modern.

NEWID Y PELI
Mae'r gwasgedd yn y bêl yn newid yn ôl yr amgylchiadau ac yn ystod y chwarae caiff peli'r gornestau pwysig eu cadw mewn oergell ar 20°C (68°F). Cânt eu newid ar ôl hyn a hyn o gêmau.

Rhacedi tennis

Mae'n bosibl olrhain tennis yn ôl i'r gêm Ffrengig *Jeu de Paume* lle roedd dau chwaraewr yn taro pêl at ei gilydd â chledr y llaw. Dechreuwyd defnyddio darnau o bren a menig yn lle'r dwylo, ac erbyn dechrau'r 15fed ganrif dyfeisiwyd rhacedi â thannau arnynt. Canlyniad arbrofi ar hyd y blynyddoedd yw'r rhacedi modern. Hyd yn ddiweddar, doedd dim rheolau ynghylch eu dyluniad a'u maint. Câi sawl math o racedi eu defnyddio yn ystod y blynyddoedd a aeth heibio a thannau gwahanol hefyd, hyd yn oed dannau gwifren ar un adeg.

Erbyn heddiw mae rheolau'r Ffederasiwn Tennis Rhyngwladol wedi deddfu na chaiff unrhyw raced fesur mwy na 81.28cm (32 mod.) o led. Dim ond un set o dannau sy'n cael eu caniatáu.

Dynes yn chwarae ym 1890

Y 1900au *isod*
Erbyn dechrau'r 20fed ganrif daeth y siâp cymesur yr ydym yn gyfarwydd ag ef. Un o nodweddion poblogaidd y cyfnod oedd y goes 'gynffon-pysgodyn' a gâi ei hystyried yn ffasiynol. Câi rhigolau eu torri yn y goes yn aml i roi gwell gafael.

Ffrâm alwminiwm

Tannau gwifren biano

Ffrâm bren onnen solet

Y RHACED FETEL GYNTAF *de*
Yn ystod y 1920au daeth rhacedi arbrofol â fframiau alwminiwm. Gwifrau piano oedd eu tannau. Nid oedd hyn yn llwyddiant gan fod y peli, â'u gorchudd o wlân, yn treulio'n gyflym.

Y 1920AU *uchod*
Daeth gafael ledr ar y rhaced tua'r adeg hon i'w wneud yn haws i'w dal. Câi'r rhan fwyaf o'r fframiau eu gwneud o ddarn solid o bren onnen, ond roedd y coesau'n gulach a'r ymylon yn fwy crwn i leihau'r gwrthiant i'r gwynt.

Gafael ledr

Pen cymesur

Coes gynffon-pysgodyn

Gafael rigolau

Y 1880AU *isod*
Roedd y rhacedi tennis lawnt cyntaf yn debyg i'r rhacedi tennis 'real' â phennau atred, siâp gellygen. Roeddynt yr un pwysau â'r rhacedi modern ond bod y coludd naturiol yn fwy garw ac yn fwy llac.

Coes bren blaen

Pen atred

Tennis bwrdd a badminton

Gêmau dan do sy'n debyg i dennis yw'r ddwy. Caiff badminton ei chwarae â 'gwennol' o blu ar gwrt â rhwyd uchel, a thennis bwrdd â phêl ysgafn ar fwrdd petryal â rhwyd isel. Mae'r ddwy'n dyddio o'r 1870au. Rhwng dau fyfyriwr o Gaer-grawnt y bu'r gêm dennis bwrdd gyntaf, yn defnyddio bocsys sigârs fel batiau a chorcyn *champagne* fel pêl.

SET PING-PONG
Ping-pong oedd yr enw cyntaf, ar ôl sŵn y bêl yn taro'r bat. Roedd yn gêm boblogaidd ar droad y ganrif ac roedd setiau ping-pong ar werth yn y siopau.

Bat ag wyneb memrwn

Coesau pren hir

Rhwyd gynnar â physt pres

SUT MAE GWNEUD BATIAU *isod*
Pren plaen yw'r llafn a rwber plorynnog drosto. Gall y plorynnau wynebu i mewn neu allan, yn dibynnu ar beth mae disgwyl i'r bêl ei wneud, ond rhaid eu gosod yn gyfartal ar draws y rwber.

Llafn pren haenog un trwch

Pêl selwloid wen

Plorynnau'n pwyntio allan

YR AFAEL
Mae'n well gan rai ddal y bat fel pe bai'n bin ysgrifennu.

Plorynnau'n wynebu i mewn

BAT MODERN
Daeth y gêm yn llawer mwy diddorol yn y 1920au pan ddaeth wyneb o rwber i'r batiau i droelli'r bêl.

GORNEST 1901 *chwith*
Oherwydd y batiau pren plaen roedd y chwarae'n hir ac anniddorol. Collodd y gêm ei hapêl nes i'r batiau â'r wynebau rwber ddod.

Rwber cellog

Rhaid cael rwber o un lliw

34

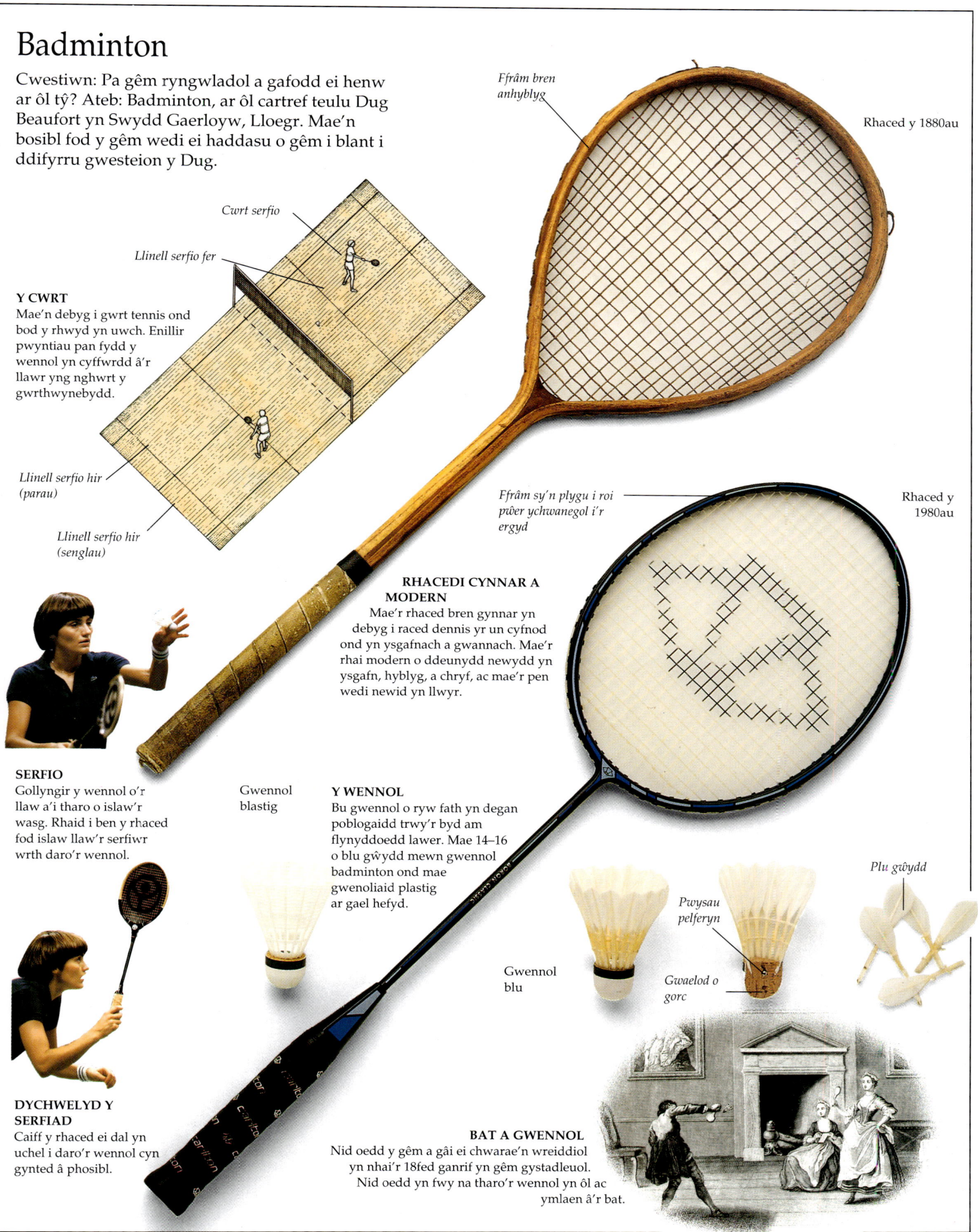

Sboncen a phêl-raced

Mae sboncen yn un o sawl gêm sy'n cael eu chwarae ar gwrt â phedair wal o'i gwmpas. Mae un chwaraewr yn taro'r bêl yn erbyn y wal flaen a'r llall yn ceisio'i dychwelyd cyn iddi fowndio fwy nag unwaith ar lawr. Câi'r hen gêm racedi ei chwarae gyntaf yn y 18fed ganrif yng ngharchar Fleet yn Llundain, pan fyddai carcharorion yn taro'r bêl yn erbyn waliau'r carchar i ladd amser. Gan mlynedd wedyn dyfeisiodd y chwaraewyr racedi yn ysgol Harrow y gêm sboncen i gadw'n heini. Fel y gêmau rhacedi eraill, gall dau neu bedwar chwarae sboncen a phêl-raced. Yn America caiff sboncen ei chwarae ar gwrt culach ac â phêl galetach.

Stribed yn diogelu pen y rhaced

Mae tuag 8.2m (27 tr.) o dannau ar bob rhaced

Smotyn melyn (araf iawn)   Smotyn gwyn (araf)   Smotyn coch (cyflym)   Smotyn glas (cyflym iawn)

PELI CÔD LLIW
Mae'r tymheredd a'r tywydd yn effeithio ar berfformiad peli rwber gau, felly mae pedwar math ohonynt, o'r araf iawn ar dywydd poeth, i'r cyflym iawn ar dywydd oer. Mae smotiau arnynt i wahaniaethu rhyngddynt. Y bêl araf iawn sy'n cael ei defnyddio gan y chwaraewyr gorau am nad yw'n bowndio mor uchel.

Y RHACED
Mae gan racedi sboncen bennau llai a mwy crwn na'r rhai sy'n cael eu defnyddio i chwarae badminton a thennis. Mae'r rhan fwyaf heddiw o ddeunydd fel graffit carbon a gwydr ffibr. Mae ffrâm rhai ohonynt yn gau. Mae hyn yn lleihau'r dirgryniad wrth i'r bêl daro'r rhaced.

Rhaced sboncen

Tannau synthetig

Tannau coludd naturiol

TANNAU
Mae'r dewis o dannau'n bwysig gan mai dyma'r unig ran o'r rhaced sy'n cyffwrdd â'r bêl. Heddiw mae tannau synthetig yn boblogaidd. Gall fod hyd at 48 o strandiau plastig gwahanol ym mhob tant, a llawer â chot o silicon a neilon i'w cadw rhag baw a lleithder. Caiff tannau coludd naturiol hefyd eu defnyddio gan lawer, rhai sy'n fwy elastig na'r rhai synthetig. Ni chânt eu hestyn mor dynn ar y rhaced.

PLESIO'R GWYLWYR
Mae modd gwylio o bob ochr oherwydd y waliau o wydr a phersbecs. Mae hyn yn gwneud y gêm yn fwy poblogaidd gan wylwyr.

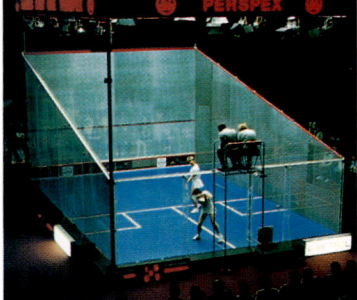

Cwrt sboncen â waliau persbecs

DIOGELU'R LLYGAID
Mae rhai'n gwisgo sbectol nad yw'n chwilfriwio i ddiogelu'r llygaid rhag cael eu taro gan y bêl.

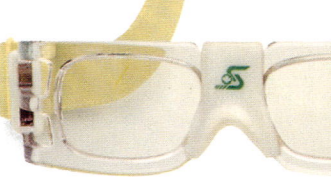

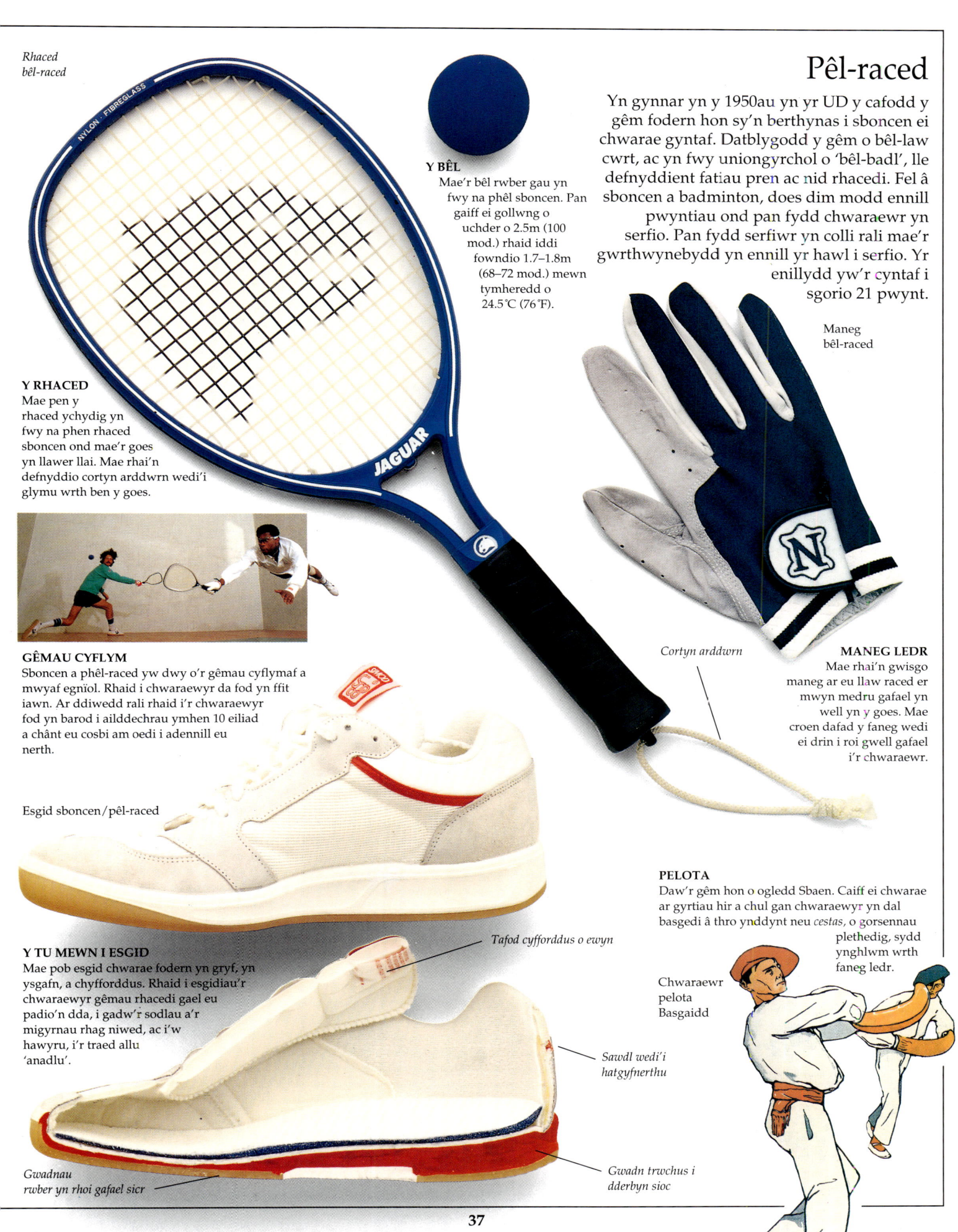

Rhaced bêl-raced

Pêl-raced

Yn gynnar yn y 1950au yn yr UD y cafodd y gêm fodern hon sy'n berthynas i sboncen ei chwarae gyntaf. Datblygodd y gêm o bêl-law cwrt, ac yn fwy uniongyrchol o 'bêl-badl', lle defnyddient fatiau pren ac nid rhacedi. Fel â sboncen a badminton, does dim modd ennill pwyntiau ond pan fydd chwaraewr yn serfio. Pan fydd serfiwr yn colli rali mae'r gwrthwynebydd yn ennill yr hawl i serfio. Yr enillydd yw'r cyntaf i sgorio 21 pwynt.

Y BÊL
Mae'r bêl rwber gau yn fwy na phêl sboncen. Pan gaiff ei gollwng o uchder o 2.5m (100 mod.) rhaid iddi fowndio 1.7–1.8m (68–72 mod.) mewn tymheredd o 24.5°C (76°F).

Y RHACED
Mae pen y rhaced ychydig yn fwy na phen rhaced sboncen ond mae'r goes yn llawer llai. Mae rhai'n defnyddio cortyn arddwrn wedi'i glymu wrth ben y goes.

Maneg bêl-raced

Cortyn arddwrn

MANEG LEDR
Mae rhai'n gwisgo maneg ar eu llaw raced er mwyn medru gafael yn well yn y goes. Mae croen dafad y faneg wedi ei drin i roi gwell gafael i'r chwaraewr.

GÊMAU CYFLYM
Sboncen a phêl-raced yw dwy o'r gêmau cyflymaf a mwyaf egnïol. Rhaid i chwaraewyr da fod yn ffit iawn. Ar ddiwedd rali rhaid i'r chwaraewr fod yn barod i ailddechrau ymhen 10 eiliad a chânt eu cosbi am oedi i adennill eu nerth.

Esgid sboncen/pêl-raced

Tafod cyfforddus o ewyn

PELOTA
Daw'r gêm hon o ogledd Sbaen. Caiff ei chwarae ar gyrtiau hir a chul gan chwaraewyr yn dal basgedi â thro ynddynt neu *cestas*, o gorsennau plethedig, sydd ynghlwm wrth faneg ledr.

Chwaraewr pelota Basgaidd

Y TU MEWN I ESGID
Mae pob esgid chwarae fodern yn gryf, yn ysgafn, a chyfforddus. Rhaid i esgidiau'r chwaraewyr gêmau rhacedi gael eu padio'n dda, i gadw'r sodlau a'r migyrnau rhag niwed, ac i'w hawyru, i'r traed allu 'anadlu'.

Sawdl wedi'i hatgyfnerthu

Gwadnau rwber yn rhoi gafael sicr

Gwadn trwchus i dderbyn sioc

Athletau

CAIFF Y CAMPAU amrywiol a ddaw o dan y term athletau eu rhannu'n ddau brif grŵp: campau trac (rhedeg a cherdded) a champau maes (neidio a thaflu). Dyma'r dulliau cynharaf a mwyaf sylfaenol o brofi cyflymder, cryfder, ystwythder, a stamina. Mae'n bosibl eu holrhain yn ôl at fabolgampau'r Groegiaid cynnar, tua 4,000 o flynyddoedd yn ôl. Mae'r rhan fwyaf o'r athletwyr yn ymddiddori mewn un neu ddwy o gampau, ond mae ychydig yn cystadlu mewn amrywiaeth o gampau trac a maes, sef yr *heptathlon* i ferched (saith camp mewn dau ddiwrnod), a'r *decathlon* i ddynion (deg camp mewn dau ddiwrnod).

Batynau ras gyfnewid

Y RAS GYFNEWID
Dyma'r unig gamp athletaidd lle mae timau'n cystadlu'n uniongyrchol yn erbyn ei gilydd. Mae pedwar aelod mewn tîm. Rhedant 100m neu 400m yr un gan basio batwn o un aelod i'r llall.

Campau trac

Caiff rasys un lap a llai eu rhedeg mewn wyth 'lôn'. Mae'r pellter o gwmpas y lonydd allanol yn fwy nag o gwmpas y rhai mewnol, felly dechreua'r rhedwyr mewn llinell hwnt-gychwyn fel bod pawb yn rhedeg yr un pellter.

Gwn cychwyn

Bwledi gwag

O'R DECHRAU I'R DIWEDD
Mae rasys yn cychwyn trwy danio gwn. Mewn mabolgampau pwysig mae'r gwn yn gweithredu dyfais amseru electronig fanwl, ond ar lefelau is wats stopio a ddefnyddir. Mae athletydd wedi gorffen ras pan fydd y corff (nid y breichiau, coesau, pen na gwddf) wedi croesi'r llinell.

Cychwyn y 1500m
Cychwyn y 5000m
Cychwyn y 200m
Lonydd hwnt-gychwyn
Lonydd
Cychwyn y 100m
Cychwyn y 400m
Llinell derfyn (pob ras)

Y symbol Olympaidd

Wats stopio

Cario'r ffagl Olympaidd

Y GÊMAU OLYMPAIDD
Cânt eu cynnal bob pedair blynedd. Cynhwysant nifer fawr o chwaraeon gwahanol yn ogystal ag athletau. Mae'r cylchoedd yn symbol o bum cyfandir y byd.

AR Y BLOCIAU *chwith*
Mae gwibwyr yn defnyddio blociau cychwyn wedi eu hoelio yn y trac. Maen nhw'n sylfaen gadarn i'r traed wthio yn eu herbyn wrth gychwyn ras. Mae'n bosibl cysylltu'r blociau wrth ddyfais sy'n rhoi rhybudd pan fydd athletydd yn gadael y blociau cyn i'r gwn danio.

RHEDEG TRAWS GWLAD
Yn ogystal â champau trac, mae rasys pellter ar ffyrdd a rhai ar draws gwlad sy'n cynnwys rhwystrau megis ffensys, ffosydd a nentydd.

ESGIDIAU RHEDEG FFYRDD
Mae traed rhedwyr ffyrdd o dan straen difrifol ym mhob ras, a rhaid i'w hesgidiau gynnal eu traed a bod yn hollol gyfforddus.

Sbigynnau sgriw

Gwadn â chlustog o aer

CERDDWYR
Yn wahanol i redwyr, rhaid bod rhan o leiaf o un o draed y cerddwyr mewn cysylltiad â'r ddaear trwy'r amser. Fel arfer mae eu rasys yn hirach na rasys y rhedwyr.

Esgidiau trac

ESGIDIAU TRAC *uchod*
Mae athletwyr sy'n rasio ar y trac yn gwisgo esgidiau tynn, ysgafn, sydd â gwadnau sbigyn. Mae'r sbigynnau'n rhoi gafael dda yn y trac ac yn galluogi rhedwyr i redeg mor gyflym â 40 kma (25 mya).

Blociau cychwyn

RAS GLWYDI *chwith*
Ceir rasys 'fflat' a hefyd rasys lle mae'r rhedwyr yn neidio dros glwydi. Mae'n bosibl dymchwel y clwydi sydd mewn rasys hyd at 400m heb gael niwed, ond mae gan y ras hirach, y ras ffos a pherth, rwystrau solid, a hefyd naid dros ddŵr.

Gronynnau rwber

MATHAU O DRACIAU
Roedd yr hen draciau o laswellt neu gols, ond mae'r rhai modern o rwber synthetig a deunydd polywrethan. Mae'n bosibl eu defnyddio ar bob tywydd.

Croestoriad o drac synthetig

Oherwydd y sbring sydd yng ngwead trac synthetig gall rhedwyr redeg yn gynt arno nag ar draciau eraill

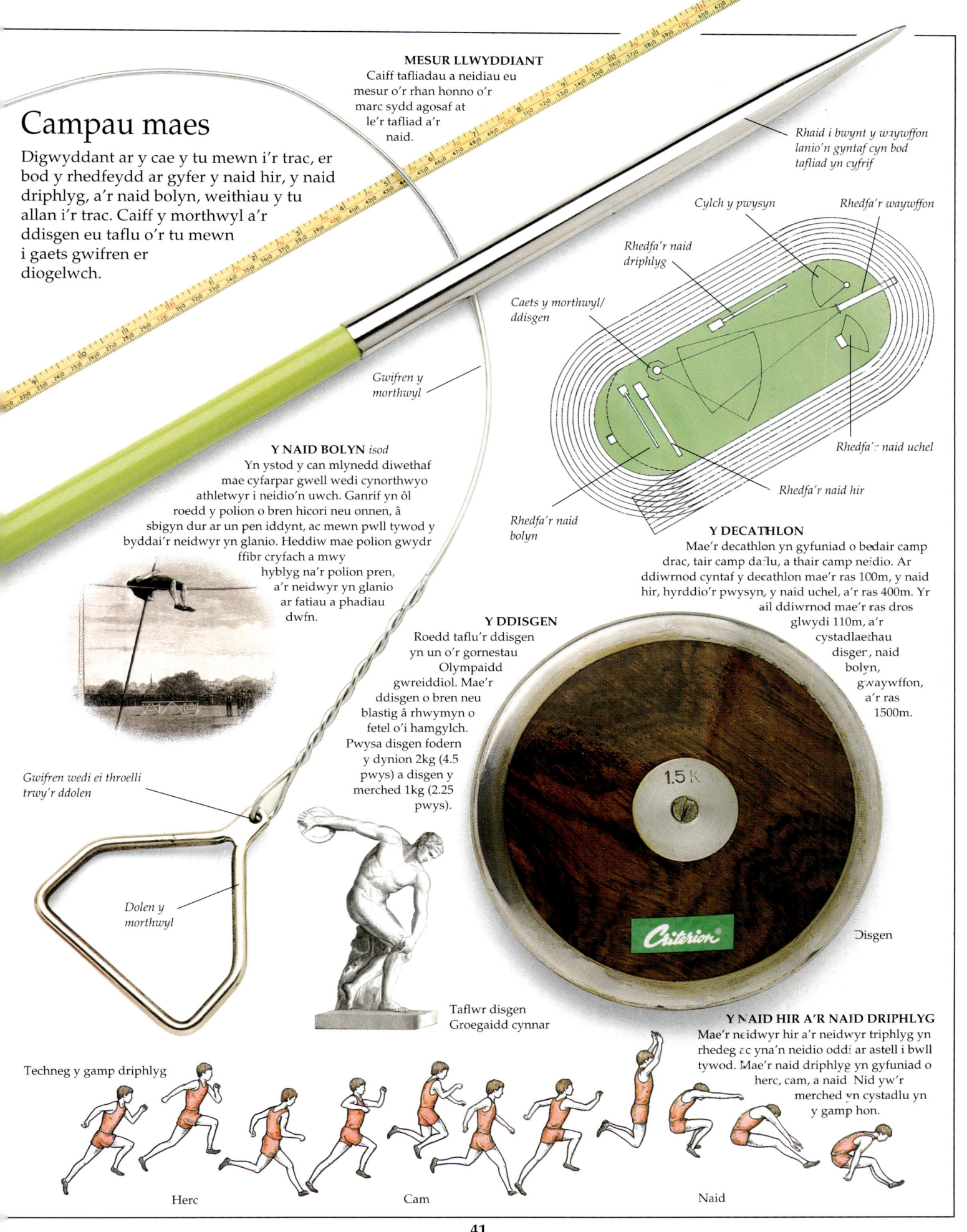

Campau maes

Digwyddant ar y cae y tu mewn i'r trac, er bod y rhedfeydd ar gyfer y naid hir, y naid driphlyg, a'r naid bolyn, weithiau y tu allan i'r trac. Caiff y morthwyl a'r ddisgen eu taflu o'r tu mewn i gaets gwifren er diogelwch.

MESUR LLWYDDIANT
Caiff tafliadau a neidiau eu mesur o'r rhan honno o'r marc sydd agosaf at le'r tafliad a'r naid.

Rhaid i bwynt y waywffon lanio'n gyntaf cyn bod tafliad yn cyfrif

Cylch y pwysyn
Rhedfa'r waywffon
Rhedfa'r naid driphlyg
Caets y morthwyl/ ddisgen
Rhedfa'r naid uchel
Rhedfa'r naid hir
Rhedfa'r naid bolyn
Gwifren y morthwyl

Y NAID BOLYN isod
Yn ystod y can mlynedd diwethaf mae cyfarpar gwell wedi cynorthwyo athletwyr i neidio'n uwch. Ganrif yn ôl roedd y polion o bren hicori neu onnen, â sbigyn dur ar un pen iddynt, ac mewn pwll tywod y byddai'r neidwyr yn glanio. Heddiw mae polion gwydr ffibr cryfach a mwy hyblyg na'r polion pren, a'r neidwyr yn glanio ar fatiau a phadiau dwfn.

Y DECATHLON
Mae'r decathlon yn gyfuniad o bedair camp drac, tair camp daflu, a thair camp neidio. Ar ddiwrnod cyntaf y decathlon mae'r ras 100m, y naid hir, hyrddio'r pwysyn, y naid uchel, a'r ras 400m. Yr ail ddiwrnod mae'r ras dros glwydi 110m, a'r cystadlaethau disger, naid bolyn, gwaywffon, a'r ras 1500m.

Y DDISGEN
Roedd taflu'r ddisgen yn un o'r gornestau Olympaidd gwreiddiol. Mae'r ddisgen o bren neu blastig â rhwymyn o fetel o'i hamgylch. Pwysa disgen fodern y dynion 2kg (4.5 pwys) a disgen y merched 1kg (2.25 pwys).

Gwifren wedi ei throelli trwy'r ddolen

Dolen y morthwyl

Taflwr disgen Groegaidd cynnar

Disgen

Y NAID HIR A'R NAID DRIPHLYG
Mae'r neidwyr hir a'r neidwyr triphlyg yn rhedeg ac yna'n neidio oddi ar astell i bwll tywod. Mae'r naid driphlyg yn gyfuniad o herc, cam, a naid. Nid yw'r merched yn cystadlu yn y gamp hon.

Techneg y gamp driphlyg

Herc   Cam   Naid

Gymnasteg

Mae gymnasteg yn gyfuniad o wahanol gampau sy'n rhoi prawf ar gryfder, ystwythder, cydgysylltu, a chydbwysedd y corff. Mae'r gymnastwyr yn defnyddio darnau safonol o gyfarpar i berfformio cyfres o ymarferiadau arnynt sy'n cael eu barnu gan banel o feirniaid. Mae dynion yn cystadlu mewn chwe champ: cylchau, ceffyl, barrau cyflin, bar uchel, llofneidio, ac ymarferion llawr. Mae merched yn cystadlu mewn llofneidio, ymarferion llawr, trawst, a'r barrau cyflin. Mae gan gampfa fodern lawer o fathau eraill o gyfarpar y gall pobl eu defnyddio i gadw'n heini.

RHUBANAU RHYTHMIG
Mae'r ymarferion llawr ar sgwâr ag ochrau 12m (40 tr.). Rhaid i'r gymnastwyr ddefnyddio'r holl sgwâr ac ni chânt fynd allan ohono. Cynhwysa'r ymarferion symudiadau twmblo, neidio, a chydbwyso, a chaiff merched gyfeiliant cerddorol, os mynnant. Amrywiad diweddar ar y gamp yw gymnasteg 'rhythmig' lle mae merched yn perfformio ymarferion llawr â rhubanau, peli, cylchynnau, rhaffau a chlybiau Indiaidd.

BARRAU CYFLIN isod
Mae gan y symudiadau ar y barrau cyflin enwau fel 'basged eirinen wlanog' a 'chodi eliffant'. Record nifer y gwrthwasgiadau neu 'dips' ar farrau cyflin yw dros 700 mewn 30 munud.

HONGIAN
Mae'r cylchau'n hongian 2.5m (8 tr. 4 mod.) o'r llawr. Rhaid perfformio pob symudiad heb i'r cylchau symud yn ôl ac ymlaen ar eu ffrâm.

Cylchau pren 18cm (7 mod.) o ddiamedr

Y TRAWST
Mae'r trawst yn 5m (16.5 tr.) o hyd ac yn 120cm (4 tr.) oddi ar y llawr, ac mae'r gymnastwyr yn perfformio trosbennau, olwyndroadau, a throadau arno. Mae perfformio ar y trawst yn gofyn am gydbwysedd o radd uchel gan nad yw ond 10cm (4 mod.) o led.

Y BAR UCHEL
Rhaid i'r ymarferion ar y bar uchel gynnwys symudiadau siglo di-stop yn ôl ac ymlaen a newid gafael. Caiff cystadleuydd ei farnu yn ôl anhawster yr ymarferion a safon y perfformiad.

Rhaff ledr

RHAFF SGIPIO
Cyfarpar syml ar gyfer cadw'n heini yw hwn ac mae hefyd yn degan poblogaidd. Mae bocswyr yn ymarfer â rhaff i wella cyd-drefniant y corff a'r ymennydd, ac i gynyddu eu stamina. Deuddeng awr yw'r sesiwn sgipio hiraf a gofnodwyd.

Rhaff sgipio

GWRTHWASGIADAU
Mae gwrthwasgiadau yn ymarferion sylfaenol i gynyddu stamina a chryfder cyhyrau'r breichiau a'r frest. Y record am wrthwasgiadau di-dor yw 24,000, a 3,000 yn defnyddio un fraich yn unig.

DRINGO RHAFF
Mae fframiau a rhaffau dringo yn ddarnau traddodiadol o gyfarpar campfa. Mae dringo'n cryfhau cyhyrau'r breichiau ac yn hyrwyddo ystwythder a chyd-drefniant y corff a'r ymennydd.

Dymbel finyl

DYMBELAU *de*
Pwysynnau bach i'r dwylo afael ynddynt yw dymbelau. Cânt eu defnyddio mewn sawl ymarfer i gryfhau cyhyrau'r breichiau, yr ysgwyddau, a'r frest. Nid yw eu pwysau'n bwysig. Nid oes rhaid iddynt bwyso mwy nag 1kg (2 bwys) yr un. Gwna'r gampfa fodern ddefnydd mawr o hyfforddiant pwysau fel dull o ymarfer.

MARCHOGAETH CEFFYL *isod*
Mae'r ceffyl â chorfau yn debyg i'r un ar gyfer llofneidio ond bod ganddo ddwy ddolen. Mae cystadleuwyr yn perfformio cyfres o symudiadau swingio, gan ddefnyddio pob rhan o'r ceffyl ond heb gyffwrdd ag ef â'u traed na'u coesau.

Ymarfer dymbel i gryfhau'r ysgwyddau

BAR PLYGU *isod*
Mae'r bar plygu hwn yn un o'r dyfeisiadau ffitrwydd syml a niferus ar gyfer ymarfer cyhyrau ym mhob rhan o'r corff.

Dolennau

Sut i ddefnyddio'r bar plygu

Sbring tensiwn uchel

Codi pwysynnau

Dyma un o'r dulliau hynaf a symlaf o brofi cryfder. Mae codwyr pwysynnau modern yn cystadlu â'i gilydd yn ôl eu pwysau hwy eu hunain, y trymaf fel arfer sy'n gallu codi'r pwysynnau trymaf. Yn ddiweddar gwelodd llawer fod ymarfer â phwysynnau yn helpu i gynyddu'r cryfder a'r stamina sy'n angenrheidiol mewn campau eraill. Ond mae rhai'n defnyddio pwysynnau i ddatblygu'r cyhyrau 'er eu mwyn eu hunain' ac yn cystadlu mewn gornestau adeiladu corff.

Y DISGIAU isod
Mae'r disgiau o haearn bwrw yn amrywio rhwng 0.25kg (0.5 pwys) a 25kg (56 pwys). Mae'n bosibl ychwanegu unrhyw bwysau at y bar trwy gyfuniad o ddisgiau. Y pwysau mwyaf a godwyd erioed gan ddyn yw 2,844kg (6,270 pwys), sef pwysau tri dwsin o ddynion.

1.25kg (2.75 pwys)
2.5kg (5.5 pwys)

DYN CRYF Y SYRCAS chwith
Mae'r dull modern o godi pwysynnau trwy ddefnyddio bar â disgiau arno yn dyddio o ddiwedd y 19eg ganrif. Cyn hynny mewn sioeau syrcas a ffair y byddai dynion cryf yn cyflawni eu gorchestion.

CYNNAL CEFNAU uchod
Mae codwyr yn gwisgo gwregysau llydan i ddiogelu eu cefnau rhag straen.

Menig hyfforddi codi pwysynnau

ADEILADU'R CORFF
Mae'r adeiladwyr-corff, yn ddynion a merched, yn hyfforddi â phwysynnau i gynyddu maint eu cyhyrau. Maen nhw'n iro eu cyrff ag olew i wneud y cyhyrau yn fwy gweladwy ac maen nhw'n ymddangos o flaen beirniaid mewn gornestau adeiladu corff.

Merch gyhyrog

Gwrym metel i atal disgiau rhag llithro tuag i mewn

Gafaelion llaw

Metel ag arwyneb garw i'r codwr afael ynddo

LLWYTHO'R BAR
Caiff y pwysynnau eu rhoi ar far 220cm (7tr. 4 mod.) o hyd sy'n pwyso 20kg (44 pwys), y disgiau trymaf y tu mewn. Fel hyn, mae'n bosibl cynyddu'r pwysau'n raddol ar ôl pob codiad llwyddiannus. Mae'r bar ei hun yn rhan o'r holl bwysau.

'Glân'...

GLÂN A PHLWC
Mae'r dechneg 'glân a phlwc' yn un o'r technegau codi pwysau safonol. Caiff y bar ei godi ar y frest, ac yna'i wthio i fyny dros y pen mewn symudiad arall. Rhaid 'cloi'r' penelinoedd i gwblhau'r codi.

...a 'phlwc'

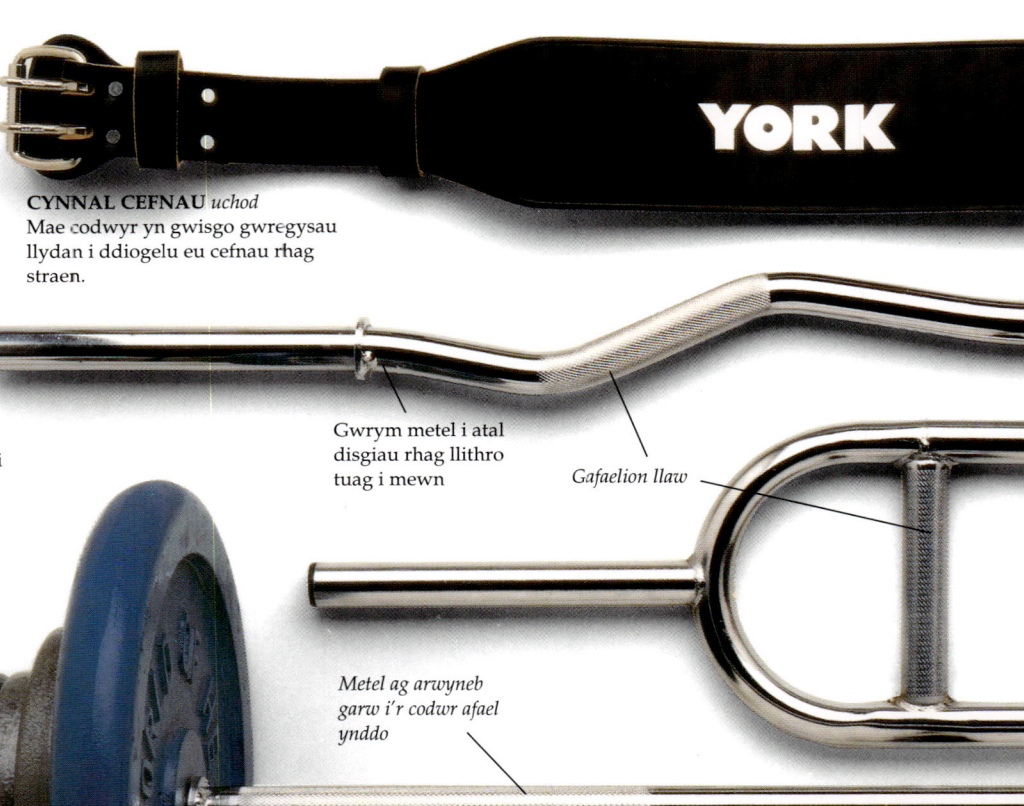

5kg
(11 pwys)

7.5kg
(16.5 pwys)

10kg
(22 pwys)

COLERI
Mae mathau gwahanol o goleri i gadw'r disgiau'n ddiogel ar y bar.

Coler sbring

Coler rhyddhau cyflym

Coler sgriw

PWYSYNNAU PLASTIG *de*
Yng nghystadlaethau'r safon uchaf caiff disgiau dan orchudd o rwber neu blastig eu defnyddio fel arfer. Mae ei liw ei hun gan bob pwysyn, ac os nad oes ffordd arall o lwytho'r holl bwysynnau ar y bar defnyddiant y disgiau gwyrdd, sy'n 50kg (110 pwys).

Pwysynnau dymbel â phlastig o'i ostynt, yn llawn o dywod

Bar ymarfer cyhyrau blaen pen y fraich

MATHAU O FARRAU
Ar wahân i'r bar syth safonol mae barrau o siapiau gwahanol ar gyfer ymarferion codi pwysynnau. Eu diben yw cryfhau grwpiau penodol o gyhyrau.

Bar ymarfer cyhyrau cefn pen y fraich

Bar

Coler

Pwysynnau bach y tu allan

CIPIAD *de*
Dyma fath arall o godi, sef codi'r bar yn uwch na'r pen mewn un symudiad. Mae codi pwysynnau trwm fel hyn yn llawer caletach. Enillydd yr ornest yw'r un sy'n codi'r pwysynnau trymaf yn y cipiad, a'r glân a phlwc.

PŴER-GODI
Gall pŵer-godwyr godi pwysynnau trymach o lawer na chodwyr pwysynnau eraill ond does dim rhaid iddynt godi'r bar yn uwch na'u pennau.

Pwysynnau mawr y tu mewn

45

Bocsio

Hyfforddi â phêl ddyrnio

DATBLYGODD BOCSIO modern o'r gornestau dwrn-noeth ym Mhrydain yn y 18fed a'r 19eg ganrif. Roedd y rhain fel arfer yn frwydrau hir a chaled, yn parhau nes i un o'r bocswyr neu'r ddau fethu dal ati. Cafodd y gornestau creulon hyn eu gwahardd gan y gyfraith, ac ym 1865 sefydlodd Ardalydd Queensberry nifer o reolau a ddaeth yn sylfaen bocsio modern. Yn eu plith roedd rowndiau o dair munud, a gwisgo menig. Enillydd gornest yw'r un sy'n cael y nifer mwyaf o bwyntiau. Os yw'r dyfarnwr yn penderfynu nad yw bocsiwr o safon ddigon da neu'n ddigon ffit i gario ymlaen, mae'n colli. Gall golli hefyd trwy roi'r gorau iddi, neu trwy *knockout*.

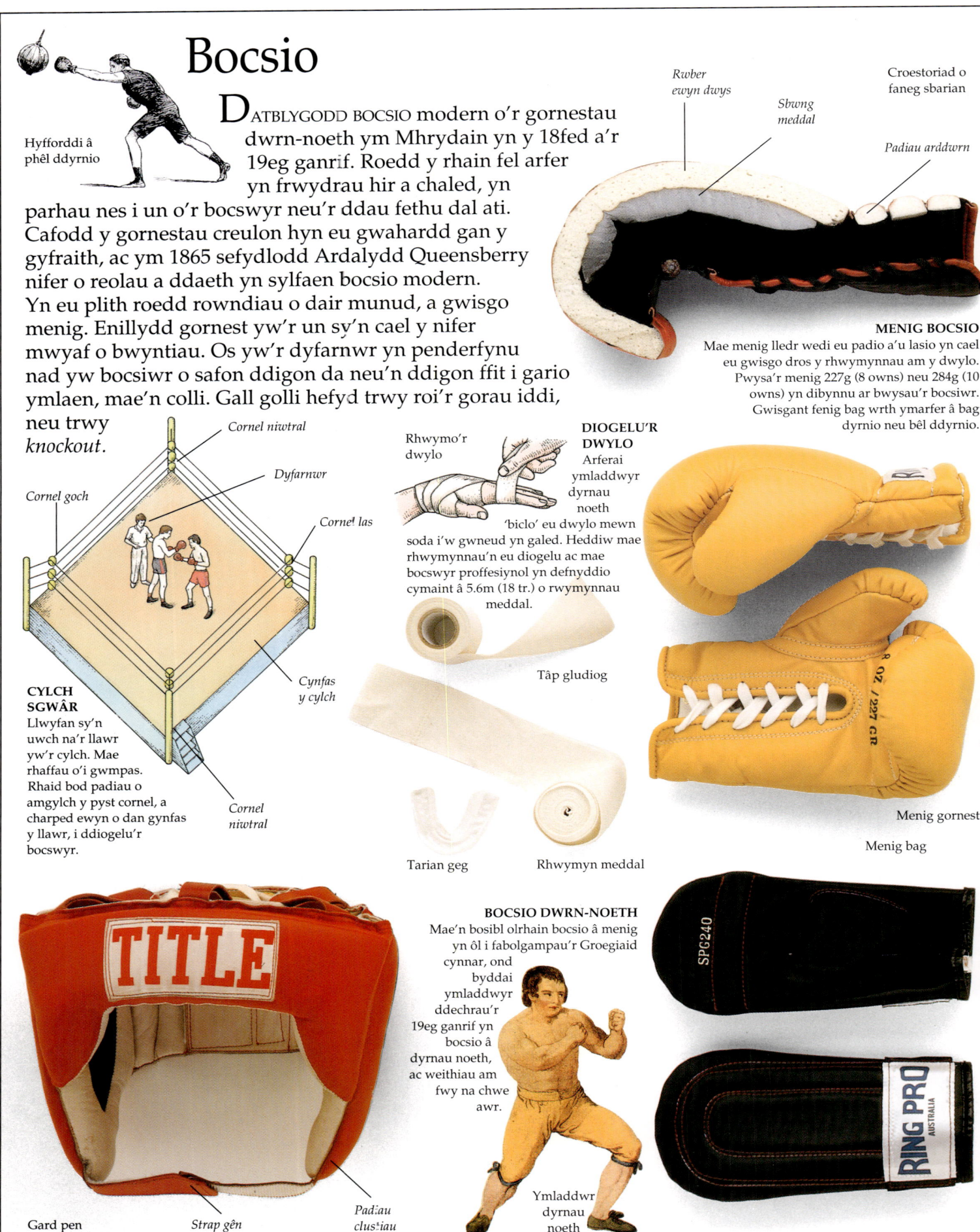

Rwber ewyn dwys · *Sbwng meddal* · *Croestoriad o faneg sbarian* · *Padiau arddwrn*

MENIG BOCSIO
Mae menig lledr wedi eu padio a'u lasio yn cael eu gwisgo dros y rhwymynnau am y dwylo. Pwysa'r menig 227g (8 owns) neu 284g (10 owns) yn dibynnu ar bwysau'r bocsiwr. Gwisgant fenig bag wrth ymarfer â bag dyrnio neu bêl ddyrnio.

Cornel niwtral · *Dyfarnwr* · *Cornel goch* · *Cornel las* · *Cynfas y cylch* · *Cornel niwtral*

CYLCH SGWÂR
Llwyfan sy'n uwch na'r llawr yw'r cylch. Mae rhaffau o'i gwmpas. Rhaid bod padiau o amgylch y pyst cornel, a charped ewyn o dan gynfas y llawr, i ddiogelu'r bocswyr.

DIOGELU'R DWYLO
Arferai ymladdwyr dyrnau noeth 'biclo' eu dwylo mewn soda i'w gwneud yn galed. Heddiw mae rhwymynnau'n eu diogelu ac mae bocswyr proffesiynol yn defnyddio cymaint â 5.6m (18 tr.) o rwymynnau meddal.

Rhwymo'r dwylo · *Tâp gludiog* · *Tarian geg* · *Rhwymyn meddal*

Menig gornest · *Menig bag*

BOCSIO DWRN-NOETH
Mae'n bosibl olrhain bocsio â menig yn ôl i fabolgampau'r Groegiaid cynnar, ond byddai ymladdwyr ddechrau'r 19eg ganrif yn bocsio â dyrnau noeth, ac weithiau am fwy na chwe awr.

Ymladdwr dyrnau noeth

Gard pen · *Strap gên* · *Padiau clustiau*

Gwregys elastig

SIORTS BOCSIO
Mae'r siorts hyn yn llac. Mae rhai'r gornestau proffesiynol wedi eu gwneud o satin ac yn aml â llythrennau blaen enw'r bocsiwr wedi eu brodio arnynt. Y 'gwregys' yw'r llinell rhwng pen cluniau'r bocsiwr a'i fogail, a rhaid ei ddangos yn glir â newid clir yn y lliw. Mae dyrnio islaw'r gwregys o fwriad yn torri'r rheolau.

AMATUR NEU BROFFESIYNOL? *uchod*
Mae gornest amatur yn para am dair rownd o dair munud, a gornest broffesiynol bymtheg rownd. Gwisga'r amaturiaid fest bob amser a chânt wisgo'r helmed y mae bocswyr proffesiynol yn ei defnyddio wrth sbarian. Mae pob bocsiwr yn gwisgo tarian geg i ddiogelu'r dannedd, a diogelydd o dan y siorts rhag ofn i ergyd strae ddisgyn.

Arwyddlun y clwb bocsio wedi ei frodio

Blaenlythrennau'r bocsiwr

Y system bwyntiau

Mae'r dyfarnwr neu'r barnwyr yn rhoi pwyntiau i'r bocswyr ar ddiwedd pob rownd. Rhoddir y nifer mwyaf o bwyntiau (20 fel arfer) i'r bocsiwr mwyaf medrus ei ddyrnio mewn rownd, a llai ar gyfartaledd i'r llall. I sgorio'r pwyntiau rhaid taro blaen neu ochr y pen, neu ran uchaf y corff, gan ddefnyddio rhan gymal y faneg. Ar derfyn y rownd olaf, yr un â'r nifer mwyaf o bwyntiau yw'r enillydd.

TRAED CHWIM
Mae'r gallu i droedio'n gyflym a llyfn o gwmpas y cylch yn bwysig mewn bocsio. Mae bocswyr yn ymarfer eu 'dawnsio' â rhaff sgipio, wrth hyfforddi. Mae'r esgidiau bocsio uchel yn ysgafn iawn â gwadnau tenau, ond nid sodlau.

Dyrnod syth i'r corff â'r llaw chwith

Ochrau uchel i gynnal y migyrnau

Gwyro i osgoi dyrnod llaw chwith a gwrthymosod â dyrnod llaw dde i'r ên

Symud i'r dde i osgoi dyrnod llaw chwith i'r pen

Gwadn tenau fflat *Lledr ysgafn*

Celfyddydau milwrol

Medrau sy'n cael eu defnyddio mewn rhyfel yw'r celfyddydau milwrol. Gallant gynnwys cleddyfaeth, saethu, a saethyddiaeth, yn ogystal â'r campau a welwch yma. Ond fel arfer mae'n derm sy'n disgrifio'r campau ymladd a ddaeth o'r Dwyrain Pell, a'r mwyaf poblogaidd yw jiwdo a *karate*. Ystyr jiwdo yw 'y ffordd feddal'. Mae'n ymwneud â symudiadau taflu a gafael. Golyga *karate* 'llaw agored'. Mae'n gymysgedd o dechnegau dyrnio a chicio. Y rhai cyntaf i ymarfer y celfyddydau milwrol oedd ymladdwyr *samurai* cynnar Japan, ond roedd ganddynt hwy fwâu a chleddyfau. Oherwydd y technegau ymladd diarfau a esgorodd ymhen amser ar jiwdo a *karate*, gallai'r ymladdwyr barhau i ymladd ar ôl cael eu diarfogi gan wrthwynebydd.

Daeth y celfyddydau milwrol yn boblogaidd yn y 1970au dan ddylanwad yr actor Bruce Lee

ARFAU *KUNG FU*
Yn ogystal â'r mathau gwahanol o ymladd diarfau, mae celfyddydau milwrol yn cynnwys meistroli arfau megis y *nunchaku*, sef dwy ddolen bren wedi eu cysylltu â chadwyn fetel. Datblygodd yr arf hon o'r ffust reis yn China. Mewn cystadleuaeth defnyddiant *nunchaku* â dolenni rwber saff.

Nunchaku

KENDO isod
Mae'r gelfyddyd draddodiadol Japaneaidd *kendo* yn ffurf ar gleddyfaeth, ond bod y cleddyfau o bren. Gwisga'r cystadleuwyr, neu'r *kendoka*, arfwisg gymhleth. O dair i bum munud yw hyd pob gornest.

Carn lledr

'Tsuba' neu darian ledr

Shinai

YMAFLYD CODWM *SUMO*
Mae gwreiddiau ymaflyd codwm *sumo* y Japaneaid yn perthyn i'r ganrif gyntaf CC. Y gamp yw gwthio'r gwrthwynebydd allan o'r cylch. Mae'r ymgodymwyr hyn yn bwyta cawl protein-uchel i gynyddu pwysau – roedd y trymaf erioed yn pwyso 225kg (496 pwys). Mae defodau'n chwarae rhan bwysig yn y gamp.

Sbring metel cryf

Cylchau metel i'r bysedd

Datblygydd gafael

CAEL GAFAEL ARNI
Mae'r ymladdwyr hyn ymysg yr athletwyr mwyaf ffit. I gynyddu eu cryfder a'u gallu i ddal ati defnyddiant ddyfeisiadau fel y datblygydd gafael hwn. Mae sioncrwydd ac ystwythder yn bwysig hefyd a defnyddiant ddyfais fel yr estynnydd coesau i'w helpu i gicio'n uchel.

Ffrâm ddur

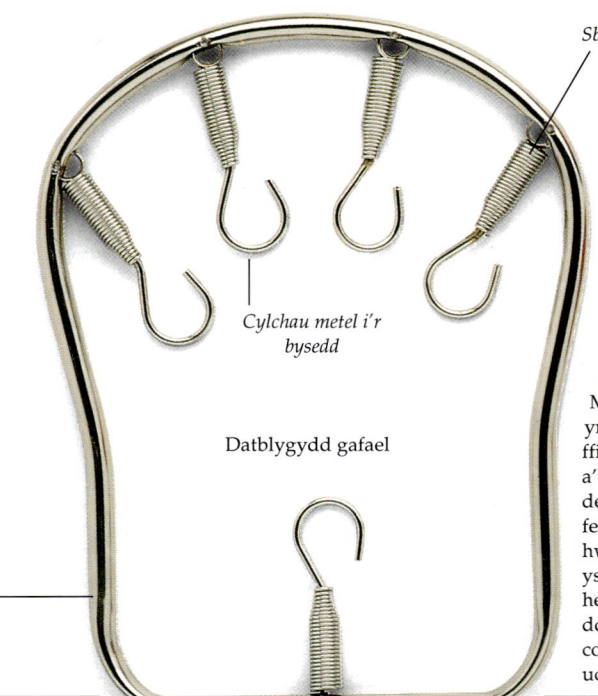

CYFARPAR KENDO

Gwisga'r *kendoka* (cystadleuwyr) fasgiau, menig, arfwisg i'r frest, a ffedogau i'w diogelu. Yr enw ar gleddyf *kendo* yw *shinai*. Mae wedi'i wneud o bedwar stribed o fambŵ wedi eu clymu â chortyn a lledr. Rhaid iddo fod yn llai na 118cm (47 mod.) o hyd.

Blaen lledr

Stribedi bambŵ

AMDDIFFYN EICH HUN

Mae jiwdo, *karate*, a'r celfyddydau milwrol eraill yn ffurfiau ymarferol o hunanamddiffyn, yn ogystal â champau cystadleuol.

Jiwdo

Caiff myfyrwyr jiwdo eu hyfforddi i ddefnyddio cryfder eu gwrthwynebwyr i'w gorchfygu. Yr un pryd maent yn arbed eu hynni hwy eu hunain. Mae rheolaeth gaeth ar ornestau jiwdo. Yr amcan yw arddangos gwell techneg, ac nid niweidio'r gwrthwynebydd. Safon y symudiadau taflu a dal sy'n ennill pwyntiau.

TECHNEG MALU

Mae hyfforddiant corfforol a meddyliol arbennig ymladdwyr *karate* yn eu galluogi i falu slabiau concrit a blociau pren â'u dwylo, eu traed a'u pennau.

Karate

Dwy funud yw hyd gornestau *karate* fel arfer. Cânt eu rheoli gan ddyfarnwr a phedwar barnwr. Nid oes angen cysylltiad corfforol i sgorio pwyntiau; safon y dechneg sy'n cyfrif.

Menig 'hanner cyswllt'

MENIG KARATE

Mae gan yr holl ffurfiau gwahanol o *karate* reolau gwahanol am wisg amddiffynnol, ac am faint o gysylltiad corfforol a all fod. Weithiau mae menig o fathau gwahanol ar gyfer sbarian, ac mewn rhai cystadlaethau.

Esgidiau karate

ESGIDIAU KARATE

Esgidiau ysgafn i'w rhoi dros draed noeth i'w diogelu pan fydd un yn cicio'r llall.

GWREGYSAU JIWDO *de*

Caiff ymladdwyr wregysau lliw i ddangos eu safon. Y safon uchaf y bydd y mwyafrif yn ei chyrraedd yw'r gwregys du, ond mae tair safon sy'n uwch na hon, sef y gwregys stribedi coch a gwyn, y gwregysau coch a'r rhai gwyn.

Gwregys coch 9fed–11eg dan

Gwregys du 1af–5ed dan

Gwregys brown kyu 1af

Gwregys glas ail kyu

Gwregys gwyrdd 3ydd kyu

Gwregys oren 4ydd kyu

Gwregys melyn 5ed kyu

Cleddyfaeth

CAMP YMLADD Â CHLEDDYFAU yw hon sy'n digwydd ar *piste* cul 14m (47 tr.) o hyd. Yr enillydd yw'r un sy'n sgorio'r nifer mwyaf o drawiadau ar ei wrthwynebydd. Mae'r tri math o gleddyf modern – y ffwyl, yr *épée* a'r *sabre* – yn disgyn o'r meingledd oedd yn arf poblogaidd yn llysoedd yr 16eg ganrif. Cafodd y cleddyf trymach a'r darian eu disodli gan y meingledd a'r dagr. Nid oes llafnau sy'n clwyfo gan gleddyfau cleddyfaeth, ac mae botwm ar eu pwyntiau rhag niweidio neb.

Deufelwr yr 16eg ganrif

SIACED FETEL
Mewn rhai gornestau mae cyfarpar electronig i nodi'r trawiadau â'r cleddyf. Rhaid i'r cleddyfwyr wisgo siacedi arbennig sy'n cuddio'r rhan o'r corff sy'n darged. Maen nhw o edafedd metel sy'n dargludo trydan ac yn goleuo'r bwrdd sgorio pan fydd y cleddyf yn cyffwrdd â nhw.

Y MASG
Caiff yr wyneb a'r pen eu diogelu gan fasg, a'r gwddf gan liain wedi ei badio. Rhwydwaith o ddur neu blastig yw'r masg. Mae'n caniatáu i'r cleddyfwr weld allan ac yn diogelu'r llygaid.

GWISG
Rhaid i wisg y cleddyfwr ganiatáu iddo symud yn rhydd a'i ddiogelu. Rhaid i'r wisg fod yn wyn, o ddefnydd cryf, a heb ddim y gallai'r cleddyf ddal ynddo.

MANEG
Mae maneg hir wen am y llaw sy'n dal y cleddyf. Mae wedi ei phadio ychydig ac yn ymestyn i fyny blaen y fraich.

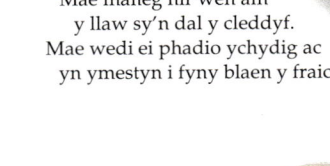

Pad lledr

Gard

'Tang'

Llafn

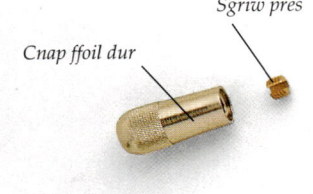

Cnap ffoil dur

Sgriw pres

Carn gafael 'pistol'

Y CLEDDYF
Mae rheolau llym yn rheoli dyluniad a diogelwch cleddyfau. Ni all fod yn hirach na 110cm (44 mod.), a 105cm (42 mod.) i'r *sabre*.

Gafael yn y carn

Y LLAFN
Mae'r llafn yn sgwâr yn ei groestoriad, ac mae rhigol yn rhedeg ar hyd-ddo. Mae gwifren sydd wedi ei thâpio yn ei lle yn rhedeg i lawr y rhigol mewn gornestau cleddyfau trydan.

Y SABRE
Gall llafn y *sabre* fod yn syth neu â thro ynddo ond rhaid i'r tro ymestyn ar hyd y llafn a bod yn llai na 4cm (1.5 mod.). Rhaid i'r cleddyf bwyso llai na 500g (1 pwys) a'r gard fesur dim llai na 15cm x 14cm (6 mod. x 5.5 mod.). Yn wahanol i'r cleddyfau eraill, mae'n bosibl defnyddio ochrau'r *sabre* a'r pwynt i sgorio pwyntiau.

Y FFWYL
Cafodd y cleddyf ysgafn hwn ei ddatblygu'n arbennig ar gyfer ymarfer cleddyfaeth yn y 18fed ganrif. Mae'n pwyso'r un faint â'r *sabre* ond ni all diamedr y gard fod yn fwy na 12cm (4.5 mod.). Mewn gornestau ffwyl trydan ni fydd trawiad yn sgorio ond pan fydd gwasgedd o 500g (1 pwys) neu fwy ar y pwynt.

YR ÉPÉE
Dyma gleddyf traddodiadol y deufelwyr. Mae'n drymach na'r ffwyl a'r *sabre* ac nid oes hawl iddo bwyso mwy na 750g (1.5 pwys), nac i ddiamedr y gard fod yn fwy na 13.5cm (5.5 mod.). Mae angen gwasgedd o 750g (1.5 pwys) i sgorio pwynt mewn gornestau *épée* trydan. Fel arfer mae gan y ffwyl a'r *épée* strapen yn clymu'r cleddyf wrth law'r cleddyfwr.

DEUFELWYR
Datblygodd camp ffensio yn uniongyrchol o ddefnyddio cleddyf mewn rhyfeloedd a deufeloedd. Roedd y boneddigion yn deufela'n rheolaidd fel modd i dorri dadl ond bu cynifer ohonynt farw fel i'r arfer gael ei wahardd mewn sawl gwlad. Roedd gan ddeufelwyr gleddyf mewn un llaw ac yn aml iawn ddagr yn y llall.

Y targed yng nghystadlaethau'r *sabre* yw'r corff a'r breichiau

Y targed yng nghystadlaethau'r ffwyl yw'r corff, heb gynnwys y breichiau

Y targed yng nghystadlaethau'r *épée* yw holl gorff y gwrthwynebydd

CARNAU'R CLEDDYFAU
Mae carn y *sabre* modern yn debyg i garn cleddyf y deufelwr a gafodd ei wneud i ddiogelu'r llaw.

Carn *sabre* modern

Un o'r gwŷr meirch tua 1840

Strapen

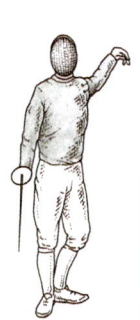

Carn meingledd yr 16eg ganrif

RHUTHR Y GWŶR MEIRCH
Mae'r *sabre* sydd heddiw mewn cystadlaethau cleddyfaeth yn fersiwn ysgafn o gleddyf y gwŷr meirch yn y 18fed a'r 19eg ganrif. Cafodd ei ddylunio'n arbennig i'w ddefnyddio gan wŷr meirch ac roedd iddo lafn fflat â thro ynddo.

DEFNYDDIO TRYDAN
Mae cystadlaethau ffwyl ac *epeé* swyddogol bob amser yn defnyddio system sgorio trydan lle mae pwyntiau'r cleddyfau'n cael eu cysylltu wrth oleuadau trwy wifren sy'n mynd o dan siacedi'r cleddyfwyr.

Counter of Quarte Counter of Sixte Counter of Septime Counter of Seconde

TECHNEG CLEDDYFAETH
Pwrpas y symudiadau cylchol hyn, sy'n cael eu gwneud trwy symud y bysedd a'r arddwrn yn unig, yw troi llafn y gwrthwynebydd o'r neilltu. Mae llawer o dermau'r gamp yn dyddio o'r 16eg a'r 17eg ganrif pan ddechreuwyd defnyddio cleddyf llys ysgafn yn Ffrainc.

Bctwm

Saethyddiaeth

TAPESTRI BAYEUX
Roedd ymladdwyr â bwa ffon-dafl yn llai effeithiol na phrif luoedd y fyddin, y gwŷr meirch a'r gwŷr traed, nes i'r bwa hir gael ei ddefnyddio yn yr Oesoedd Canol.

Yn ôl yr hen goel mae saethau Ciwpid yn peri i bobl syrthio mewn cariad

Bu defnyddio mathau gwahanol o fwa a saeth ers miloedd o flynyddoedd, mewn brwydrau ac wrth hela. Mae'r bwâu modern wedi'u dylunio a'u gwneud ar yr un patrwm er bod y golygon anelu, y sadyddion, a'r atodion eraill yn gwneud iddynt edrych yn wahanol iawn. Mae cystadleuwyr saethyddiaeth darged yn saethu nifer arbennig o saethau at dargedau ar bellterau gwahanol i ffwrdd – 30m, 50m, 70m, 90m, i ddynion, a 30m, 50m, 60m, 70m, i ferched. Y saethwr â'r cyfanswm mwyaf o bwyntiau sy'n ennill. Mae cystadlaethau eraill ar gyfer bwâu croes.

Caiff y llinyn dacron ei dynnu oddi ar y bwa ar ôl pob sesiwn saethu

Coesau pren caled haenog

'Codydd'

Y BWA MODERN
O bren y câi bwa ei wneud tan yn ddiweddar, a'r ywen oedd y pren gorau. Fel arfer caiff y bwa modern ei wneud o bren haenog a deunydd megis gwydr ffibr a charbon. Mae'r rhain yn llawer cryfach ac yn fwy dibynadwy.

SAETHWYR FICTORAIDD
Câi bwâu saethwyr y 19eg ganrif eu gwneud fel arfer o ddau ddarn o bren wedi eu sbleisio ynghyd yn y canol.

DIOGELWCH
Mae 'breichydd' ar y fraich sy'n dal y bwa i'w diogelu rhag cael niwed oddi wrth y llinyn bwa, a maneg neu faneg fys ar y llaw sy'n tynnu'r bwa.

Breichydd

Maneg fys

Maneg saethwr

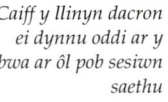

Dolen fagnesiwm

SADYDDION isod
Mae'r rhain wedi eu sgriwio i mewn i'r 'codyddion' i wneud y bwa'n fwy sad wrth ei saethu, a phob ergyd yn gyson.

Sadyddion 'bar-V'

HELA chwith
Fel arfau eraill, helpu dyn i ddal ei fwyd oedd pwrpas cyntaf y bwa a saeth. Â nhw y byddai Indiaid America yn lladd y byffalo a roddai fwyd, dillad a defnydd gwneud pebyll iddynt.

Twll anelu atodol

GOLWG ANELU BWA chwith
Mae'n bosibl cysylltu golwg wrth ochr y bwa.

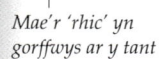

Mae'r 'rhic' yn gorffwys ar y tant

Mae tair pluen ar bob saeth

SAETHAU BYCHAIN
Mae'r bwâu croes yn tanio 'bollt' sy'n llawer byrrach na saeth, ond rhaid iddi fod o leiaf 30cm (12 mod.) o hyd.

Bwa gwydr ffibr haenog

Y TARGED *de*
Cylch o bapur wedi ei binio wrth fat gwellt yw'r targed. Mae pump o gylchoedd lliw ar y targed, â rhan allanol a mewnol i bob un, yn gwneud deg rhan. Mae'n bosibl sgorio rhwng un a deg pwynt, yn dibynnu ar agosrwydd y saethau at ganol y targed.

Mat gwellt

Gwyn (mewnol) 2 pwynt

Glas (allanol) 5 pwynt

Gorffwysa'r bollt mewn rhigol

Llinyn yn cael ei ddal yma cyn ei ryddhau

Golwg anelu

Gwarthol yn cael ei ddal rhwng y traed wrth dynnu'r tant

Y BWA CROES
Mae hwn fel croesiad rhwng bwa a gwn. Caiff y bwa ei ddal fel reiffl, a'r llinyn ei ryddhau â thriger. Mae'r bôn fel arfer o bren caled fel cneuen ffrengig, a'r bwa o wydr ffibr neu ddeunydd tebyg.

WILLIAM TELL
Cafodd yr arwr chwedlonol William Tell ei gosbi trwy ei orchymyn i saethu afal oddi ar ben ei fab ifanc. Yn y stori mae ganddo fwa croes fel arfer ond bwa hir sydd yn y darlun hwn.

Pwynt metel

Paladr bren

Y SAETH *uchod*
Y prennau traddodiadol i wneud y saethau gorau yw'r ddelen goch a'r gedrwydden. Enw'r grefft yw *fletching*.

Y GAWELL SAETHAU *de*
Mae'r gawell saethau ar wregys o gwmpas y canol. Mae gan y saethau hyn goesau alwminiwm a phlu plastig.

Sadydd alwminiwm hir

SAETHU'N BELL *chwith*
Mae'r bwâu modern yn gryf iawn. Rhaid tynnu saeth y 'bwa troed' yn ôl â'r ddwy law, a gall saethu'r saeth fwy nag 1,800 m (ymhell dros filltir). Dros 1,100m (3,600 tr.) yw'r record i fwa llaw.

Saethu

Saethwr o'r Gorllewin Gwyllt

TYFODD Y GAMP fodern o saethu â gwn o'r arfer o hela â gwn. Caiff gwn ei ddefnyddio hyd heddiw i saethu creaduriaid helwriaeth (adar, ysgyfarnogod ac ati) yn ogystal â cholomennod clai. Caiff y reiffl ei ddefnyddio i hela anifeiliaid mawr fel ceirw ac eliffantod, ac i saethu at dargedau. Amrywia'r cystadlaethau saethu yn ôl y math o wn, y targed, osgo'r saethwr, ac ai bwledi neu getris sydd yn y gwn.

Nid oes hawl cael lens chwyddwydr mewn golwg anelu reiffl bôr bach

Storfa siambrau ychwanegol

Targed rhydd bôr bach

Golwg anelu delesgopig

BWLEDI BÔR MAWR *chwith*
Caiff y rhain eu defnyddio wrth hela ceirw ac anifeiliaid mawr eraill. Maent yn 7.62mm (0.3 mod.) o galibr. Gallant fynd mor bell â dwy filltir ar ôl eu tanio.

SAETHU PISTOL TANIO CYFLYM *isod*
Mae nifer o wahanol fathau o gystadlaethau saethu pistol a'r prif fath yw'r ornest danio cyflym dros 25m (83 tr.). Mae rhes o bum targed silwét yn wynebu'r cystadleuydd am 4, 6, neu 8 eiliad, a rhaid iddo danio un ergyd at bob un.

Pistol targed

Siambr â bwledi

Bwledi 9mm (0.35 mod.)

Targed pistol 20 llath safonol

DIOGELU'R CLYW
Mae cystadleuwyr ym mhob gornest o safon uchel yn gwisgo padiau am eu clustiau i ddiogelu eu clyw.

GWN DWY FARIL *uchod*
Mae'r gwn hwn yn saethu llu o belenni bach, nid bwledi. Mae'r pelenni mewn cetrisen gardbord sy'n cael ei lluchio allan o'r faril ar ôl y tanio. Mae un faril uwchben y llall.

Pistol tanio cyflym

Allanfa cetris gwag

Bwledi 5.6m (0.22 mod.)

Targed tanio cyflym

Bowlio

Mae dau brif fath o gêm fowlio: gêmau bwrw i lawr binnau neu sgitlau, a gêmau bowlio peli'n agos at jac. 'Dyfeisiwyd' bowlio deg pin, y ffurf fodern ar y gêm, pan gafodd sgitlau eu gwneud yn anghyfreithlon yn yr UD ym 1845. Câi naw sgitl ar ffurf diemwnt eu defnyddio mewn sgitlau. Cafodd pin arall ei ychwanegu atyn nhw, eu had-drefnu'n driongl a galw'r gêm yn fowlio deg pin.

BOULES *uchod*
Caiff *boules* eu chwarae'n bennaf gan y Ffrancwyr. Mae'r peli trwm o fetel, a chânt eu rholio neu eu taflu at jac bach pren ar lain chwarae sydd fel arfer yn dywodlyd.

Jac y lawnt goron

Boule

Mat traed y lawnt goron

Pêl lawnt goron

Techneg boules

Techneg bowlio

PELI LAWNT GORON *uchod*
Caiff y gêm ei chwarae ar lawnt laswellt sgwâr sydd â'i chanol yn codi ychydig yn 'goron'. Mae'r jac yn fwy na'r jac yn y gêm lawnt fflat fwy poblogaidd.

TECHNEGAU BOWLIO *uchod*
Yr un yw nod bowlio a *boules*, ond caiff *boules* eu taflu tra bo rhaid rholio'r peli bowlio. Mae pwysynnau (neu ogwydd) ar un ochr i'r peli bowlio sy'n peri iddynt grymu ychydig wrth rowlio.

ESGIDIAU BOWLIO
Mae ganddynt wadnau fflat rhag niweidio'r lawntiau.

Pêl lawnt fflat

Jac lawnt fflat

PELI LAWNT FFLAT
Y drefn oedd gwneud pob set o bedair pêl o foncyff sengl y pren trwm *lignum vitae*. Heddiw caiff y peli du a brown eu gwneud yn aml o rwber neu ddeunydd cyfansawdd.

SYR FRANCIS DRAKE
Mae stori fod y llyngesydd Seisnig, Syr Francis Drake, yn chwarae ffurf ar y gêm yn Plymouth pan ymddangosodd llynges y Sbaenwyr, yr 'Armada', ym 1588.

BOWLIO YN YR OESOEDD CANOL
Mae gêmau lle caiff peli eu taflu neu eu rholio ar hyd y ddaear tua'r targed ymysg y gêmau hynaf a mwyaf poblogaidd. Ânt yn ôl i ddyddiau'r Eifftiaid cynnar.

Pêl fowlio

BOWLIO DEG PIN
Mae'r bowlwyr yn rholio'r bêl drom i lawr lôn gul i geisio llorio'r pinnau ar y pen arall. Ceir pwyntiau am y pinnau sy'n cael eu llorio. Mae'r bêl o rwber caled neu blastig a gall bwyso hyd at 7.26kg (16 pwys). Mae tyllau ynddi i wneud yr afael yn haws.

MARBLYS isod
Arferai plant y Rhufeiniaid chwarae gêm debyg i farblys lle byddent yn fflicio cnau i gylch wedi ei farcio ar y llawr. Mae llawer ffurf wahanol ar y gêm sy'n defnyddio peli o wydr neu glai pob.

Marblys

Mae'r mwyafrif yn gafael â thri bys

SGITLAU
Nod y gêm yw llorio cynifer ag sy'n bosibl o'r sgitlau ag un tafliad.

Y LÔN
Mae'r sgitlau ar ffurf triongl ar un pen i lôn o blastig neu stribedi cul o bren pinwydden neu fasarnen.

Sgitlau

Y SGITLAU
Cânt eu gwneud o bren masarnen dan orchudd o haen o blastig i'w diogelu rhag trawiadau'r peli. Saif pob sgitl ar smotyn â rhif arno yn y triongl.

CWRLIO uchod
Gêm o fowlio ar iâ yw hon. Mae'r chwaraewyr yn gwthio 'cerrig' ar hyd yr iâ at gylch targed o'r enw 'tŷ'. Defnyddiant frwsys i sgubo'r ffordd yn glir o flaen y garreg wrth iddi lithro ymlaen i'w chadw ar lwybr syth a pheri iddi fynd ymhellach.

Carreg gwrlio

Golff

Nid yw tarddiad y gêm yn glir, ond mae'n debyg ei bod yn perthyn i'r un teulu â bowlio a chroci. Cafodd y ffurf fodern arni ei chwarae gyntaf yn yr Alban tua 400 mlynedd yn ôl. Mae'r golffwyr yn taro pêl fach â chlybiau o'r man cychwyn, y ti, i dwll gryn bellter i ffwrdd. Deunaw o dyllau sydd i'r cyrsiau golff modern, a'r nod yw taro'r bêl i bob twll a gorffen y rownd gan daro'r bêl cyn lleied o weithiau ag sy'n bosibl.

CLYBIAU GOLFF
Ni chaiff chwaraewr ddefnyddio mwy nag 14 o wahanol glybiau mewn un rownd o golff. Mae'r mwyafrif yn defnyddio tri neu bedwar o glybiau pren ('prennau'), naw neu ddeg o glybiau haearn ('haearnau'), ac un pytydd. Dim ond â phen y clwb y mae hawl i daro'r bêl.

CLYBIAU PREN
Mae ganddynt bennau mawr o bren, plastig, neu fetel, a'r coesau'n hirach na rhai clybiau eraill. Gallant daro'r bêl yn bell a chânt eu defnyddio ar y ti ac ar gyfer ergydion hir eraill. Y rhai sy'n cael eu defnyddio amlaf yw'r rhifau 1–5. Pren rhif 1, y 'gyrrwr', yw'r mwyaf ohonynt.

Pren rhif 1

Pren rhif 3

Pren rhif 5

PENNAU'R CLYBIAU
Caiff clybiau pren eu gwneud o bren persimon neu laminadau o brennau eraill. Mae mewnosodiadau a phlatiau metel yn yr wyneb a'r gwadn yn cadw'r clybiau rhag cael niwed.

TWLL NODWEDDIADOL *isod*
Gall hyd twll fod rhwng 100m a 600m (300–2,000 tr.). Mae'r hyd yn penderfynu par neu safon y twll, sef nifer yr ergydion sy'n cael eu cymryd fel arfer i gael y bêl i'r twll. Os yw'r chwaraewr yn taro'r bêl i'r twll mewn un ergyd yn llai na'r par, mae'n sgorio 'aderyn', dau ergyd yn llai, 'eryr', a thri ergyd yn llai, 'albatros'. Mae hyd a nodweddion pob cwrs yn amrywio'n fawr.

Y SWING *chwith*
Mae'r bêl yn cael ei rhoi ar di bach pren neu blastig i'w chodi oddi ar y ddaear. Mae'r golffwr yn swingio at y bêl, ei tharo a'i dilyn drwodd â'r clwb. Yr enw ar daro'r bêl yn syth i'r twll ag un ergyd yw 'twll mewn un'.

Pêl ymarfer

Pêl golff

Ti

PELI GOLFF
Mae mwy na 400 o bantiau bach dros wyneb y bêl i'w helpu i hedfan yn syth ac yn bell pan gaiff ei tharo. 'Peli aer' ysgafn sy'n cael eu defnyddio i ymarfer.

Mae'r ti yn llecyn llyfn a gwastad o dir. Oddi arno y caiff y bêl ei tharo gyntaf

Pen y clwb

PRENNAU HAEARN
Caiff rhai o'r 'prennau' eu gwneud o fetel neu blastig.

Coes

GORCHUDD
Pan nad yw clwb yn cael ei ddefnyddio, mae gorchudd drosto, i'w warchod rhag y tywydd.

TARDDIAD GOLFF
Roedd hi'n arferiad chwarae gêm ffon a phêl o'r enw *bandy-ball* yn y 14eg ganrif, sef croesiad o golff a hoci.

| HAEARNAU | Haearn rhif 2 (ongl 18°) | Haearn rhif 3 (ongl 21°) | Haearn rhif 4 (ongl 24°) | Haearn rhif 5 (ongl 27°) | Haearn rhif 6 (ongl 31°) | Haearn rhif 7 (ongl 35°) |

Mae pennau'r clybiau metel yn gulach na phennau'r rhai pren. Cânt eu gwneud o ddur â haen o gromiwm drosto. Nhw sy'n cael eu defnyddio i'r ergydion byrraf. Maent wedi eu rhifo'n 1–10. Mae pen pob un wedi ei ongli'n wahanol ar gyfer mathau gwahanol o ergydion; rhif 1 yn taro'r bêl ymhellach ac yn is na rhif 2, ac felly ymlaen.

Y DDREIF GYNTAF
Pren sy'n cael ei ddefnyddio i'r ddreif gyntaf fel arfer, yn dibynnu ar hyd y twll. Mae'r bêl ar y ddaear, ar di, neu ar bentwr o dywod.

CHWARAE AR Y FFORDD DEG
Mae'n bwysig taro'r bêl fel ei bod yn syrthio ar y ffordd deg er mwyn medru ei tharo'n ddidrafferth yr eildro. Rhaid i'r golffwr, wrth ei tharo, ystyried cyfeiriad a chryfder y gwynt.

DYNESU AT Y LAWNT
Wrth geisio taro'r bêl ar y lawnt, rhaid ystyried cyflwr y ddaear. Os yw'r lawnt yn sych a chaled, mae'r bêl yn debygol o fowndio a rholic lawer ymhellach na phe bai'n wlyb a meddal.

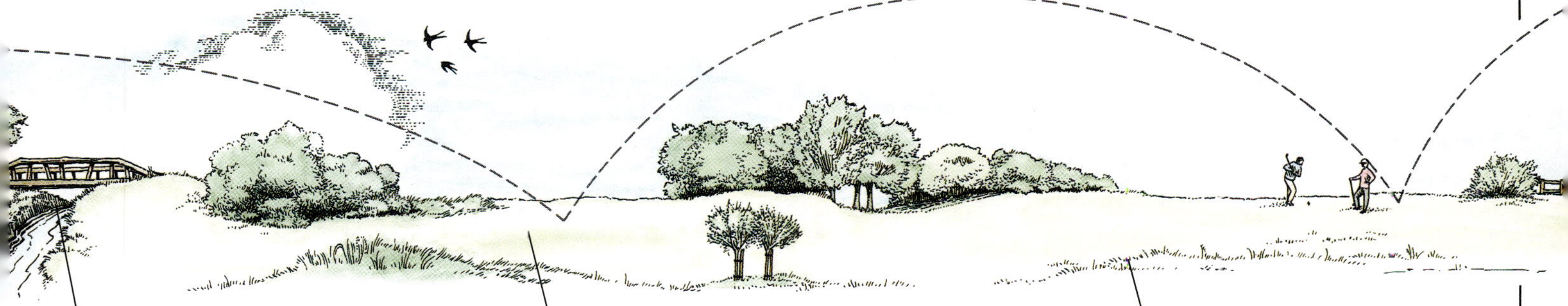

Gall y rhwystrau gynnwys pyllau dŵr a nentydd

Y 'ffordd deg' yw'r stribed o dir clir y bydd golffwyr yn ceisio taro'r bêl ar hyd-ddi

Y 'garw' yw'r tir y tu allan i'r ffordd deg. Mae golffwyr yn ceisio'i osgoi

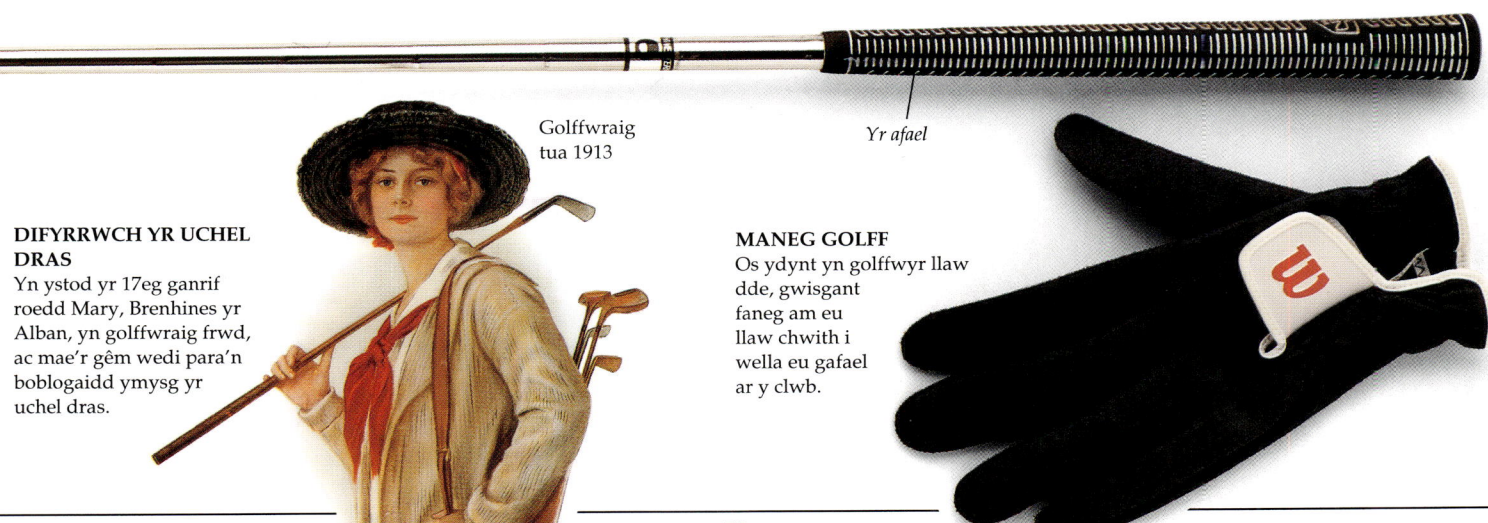

Golffwraig tua 1913

Yr afael

DIFYRRWCH YR UCHEL DRAS
Yn ystod yr 17eg ganrif roedd Mary, Brenhines yr Alban, yn golffwraig frwd, ac mae'r gêm wedi para'n boblogaidd ymysg yr uchel dras.

MANEG GOLFF
Os ydynt yn golffwyr llaw dde, gwisgant faneg am eu llaw chwith i wella eu gafael ar y clwb.

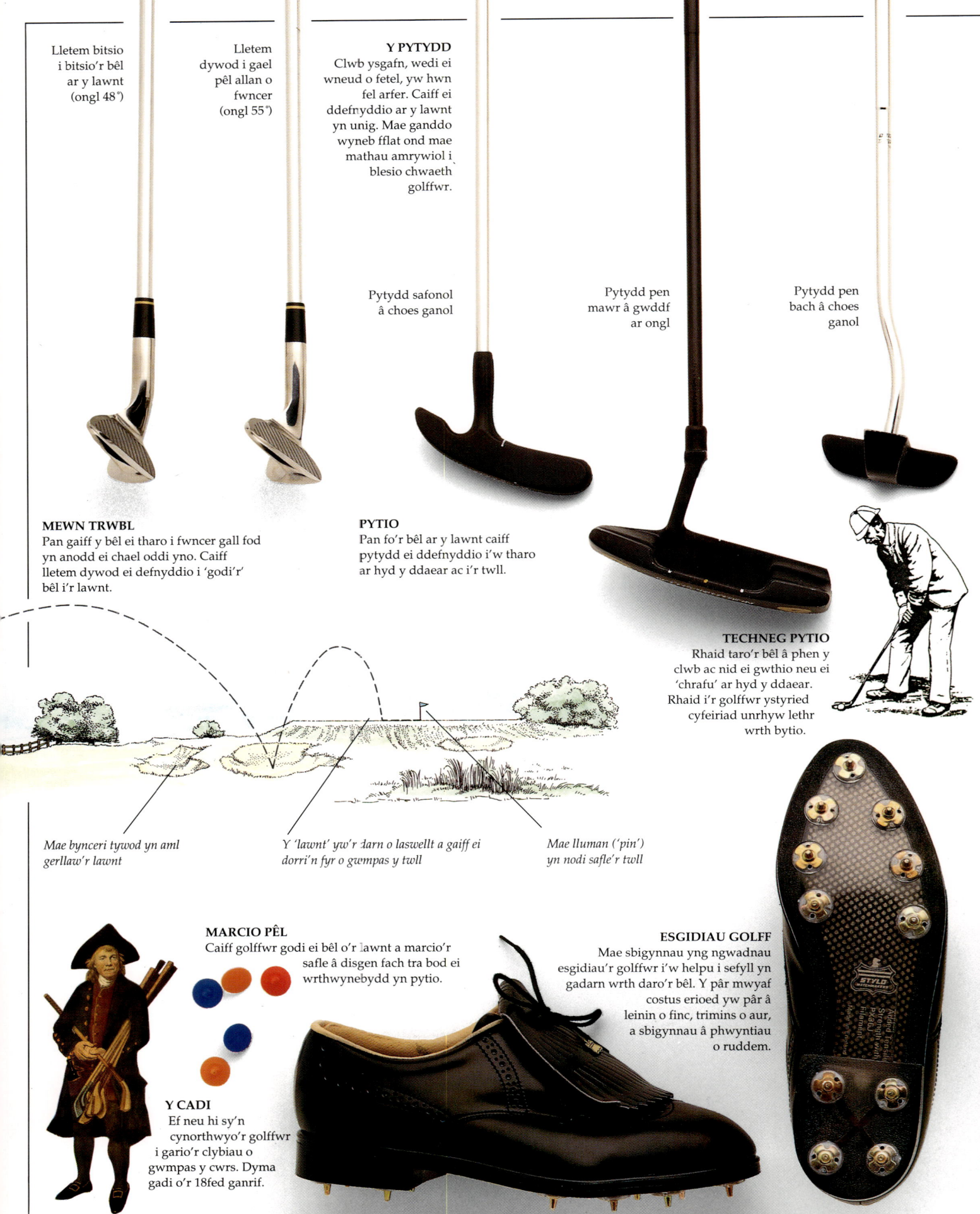

Lletem bitsio i bitsio'r bêl ar y lawnt (ongl 48°)

Lletem dywod i gael pêl allan o fwncer (ongl 55°)

Y PYTYDD
Clwb ysgafn, wedi ei wneud o fetel, yw hwn fel arfer. Caiff ei ddefnyddio ar y lawnt yn unig. Mae ganddo wyneb fflat ond mae mathau amrywiol i blesio chwaeth golffwr.

Pytydd safonol â choes ganol

Pytydd pen mawr â gwddf ar ongl

Pytydd pen bach â choes ganol

MEWN TRWBL
Pan gaiff y bêl ei tharo i fwncer gall fod yn anodd ei chael oddi yno. Caiff lletem dywod ei defnyddio i 'godi'r' bêl i'r lawnt.

PYTIO
Pan fo'r bêl ar y lawnt caiff pytydd ei ddefnyddio i'w tharo ar hyd y ddaear ac i'r twll.

TECHNEG PYTIO
Rhaid taro'r bêl â phen y clwb ac nid ei gwthio neu ei 'chrafu' ar hyd y ddaear. Rhaid i'r golffwr ystyried cyfeiriad unrhyw lethr wrth bytio.

Mae bynceri tywod yn aml gerllaw'r lawnt

Y 'lawnt' yw'r darn o laswellt a gaiff ei dorri'n fyr o gwmpas y twll

Mae lluman ('pin') yn nodi safle'r twll

MARCIO PÊL
Caiff golffwr godi ei bêl o'r lawnt a marcio'r safle â disgen fach tra bod ei wrthwynebydd yn pytio.

Y CADI
Ef neu hi sy'n cynorthwyo'r golffwr i gario'r clybiau o gwmpas y cwrs. Dyma gadi o'r 18fed ganrif.

ESGIDIAU GOLFF
Mae sbigynnau yng ngwadnau esgidiau'r golffwr i'w helpu i sefyll yn gadarn wrth daro'r bêl. Y pâr mwyaf costus erioed yw pâr â leinin o finc, trimins o aur, a sbigynnau â phwyntiau o ruddem.

Croci

Mae'r gêm hon yn debyg i fowlio lawnt (t.56), ond mae'r bêl yn cael ei tharo at darged â gordd bren. Caiff pwyntiau eu hennill am daro peli lliw trwy gyfres o 'hwpiau' mewn trefn arbennig. Y gyfrinach yw cadw peli eich ochr chi'n agos at ei gilydd, a pheli'r ochr arall mor bell oddi wrth ei gilydd ag sy'n bosibl. Yr enillydd yw'r unigolyn neu'r ochr gyntaf i gael y peli i gyd i ddiwedd y cwrs.

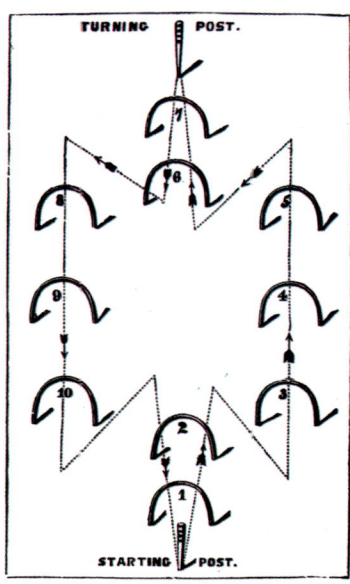

Y PEG PREN
Rhaid taro'r peli trwy bob un o'r chwe hŵp ddwywaith. Mae pwynt i'w ennill am bob hŵp. Ar ddiwedd y cwrs, mae chwaraewr yn taro'r bêl yn erbyn y peg pren i sgorio pwynt arall; cyfanswm o 13 i bob pêl.

OES A FU
Yn ystod oes Victoria roedd croci'n ddifyrrwch cymdeithasol ffasiynol, ond wrth i dennis lawnt (t.30) ddod yn boblogaidd yn niwedd y 19eg ganrif lleihaodd y diddordeb mewn croci. Ond mae adfywiad yn y diddordeb yn y gêm y dyddiau hyn.

Y GÊM DEG HŴP
Heddiw defnyddia croci chwe hŵp ond deg a gâi eu defnyddio gynt. Roeddynt yn llydan â phernau crwn, a'r teimlad oedd ei bod yn llawer rhy hawdd taro'r bêl drwyddynt. Cawsant eu disodli gan yr hwpiau modern, culach.

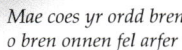

Mae coes yr ordd bren o bren onnen fel arfer

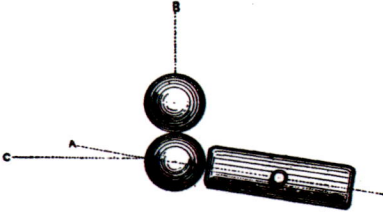

Y TRAWIAD CROCI
Os yw chwaraewr yn taro pêl yn erbyn pêl arall, mae hawl ganddo i wneud trawiad croci. Mae'n gosod ei bêl ef yn erbyn y bêl arall ac yn ei tharo fel bod y ddwy bêl yn mynd i wahanol gyfeiriadau.

HWPIAU
Prin fod yr hwpiau'n ddigon llydan i'r peli fynd drwyddynt. Maent yn wyn, ar wahân i'r un olaf sydd â phen coch.

Y PELI
Mae pob chwaraewr neu dîm yn chwarae â dwy o'r pedair pêl. Maent o bren bocs neu o ddeunydd cyfansawdd.

GORDD BREN
Rhaid taro'r bêl â phen yr ordd bren ac nid ei gwthio. Mae'r ordd bren tua 80cm (32 mod.) o dop y goes i waelod y pen.

Mae pen yr ordd bren o bren bocs ac mae'n sgwâr neu'n silindrog

GÊMAU SENGL A DWBL
Gall dau chwarae yn erbyn ei gilydd â dwy bêl yr un, neu ddau dîm o ddau ag un bêl yr un. Rhaid defnyddio pêl o'r un lliw trwy'r gêm ac mae glas a du bob amser yn chwarae yn erbyn coch a melyn.

HOCI AR GEFN CEFFYL
Mae polo'n debyg i groesiad o hoci (t.16) a chroci. Caiff y gêm ei chwarae gan dimau o bedwar ar gefn ceffylau. Mae gyrdd pren coesau hir o bren sycamorwydden neu onnen yn cael eu defnyddio i daro pêl trwy goliau sydd 275 m (900 tr.) oddi wrth ei gilydd.

Pŵl a snwcer

GÊMAU DAN DO YW'R rhain sy'n cael eu chwarae ar fwrdd petryal sydd â phocedi ym mhob cornel ac yng nghanol yr ochrau hiraf. Mewn pŵl caiff ciwiau pren hir eu defnyddio i daro'r peli i'r pocedi a sgorio pwyntiau, neu yn fersiwn 8-pêl y gêm, ceisia'r chwaraewr bocedu set o beli cyn i'w wrthwynebydd wneud hynny. Datblygodd y gêm allan o'r gêm biliards sy'n mynd yn ôl i oddeutu'r 15fed ganrif pan gâi ei chwarae yn yr awyr agored ar laswellt. Yn ôl y sôn, y Brenin Louis XI o Ffrainc oedd y cyntaf i'w chwarae dan do.

Y BRYSGYLL BRENHINOL
Roedd biliards yn gêm boblogaidd yn y llys Ffrengig yn Versailles yn nyddiau Louis XIV. Roedd yn rhaid taro'r bêl â 'brysgyll', sef ffon tua 1m (3 tr.) o hyd wedi ei gwastatáu ar un pen yn siâp llwy.

Mae angen 56km (35 milltir) o edafedd gwlân i orchuddio bwrdd 4m x 2m (12 tr. 6 mod. x 6 tr. 7 mod.)

Y BWRDD
Cafodd y byrddau cyntaf eu gwneud o bren derwen a marmor. Yn ystod y 1830au y dechreuwyd defnyddio'r byrddau llechen. Wrth ddefnyddio llechen roedd modd sicrhau bod yr arwyneb chwarae yn hollol fflat. Mae defnydd gwlân o'r ansawdd gorau yn ei orchuddio.

Lliwiau plain

Pelen-8

Lliwiau stribedog

Gwely llechen wedi ei sgriwio i ffrâm bren

PELI PŴL
Cânt eu rhannu'n ddau grŵp, y rhifau lliwiau plain 1–7, a'r rhifau lliwiau stribedog 9–15. Mewn pŵl '8-pêl', rhaid i bob chwaraewr bocedu'r holl beli yn un o'r grwpiau hyn ac yna bocedu'r bêl-8 ddu i ennill.

Y bêl wen

POCEDI
Syrthia'r peli trwy dyllau i bocedi rhwyd.

Mae ciwiau dwy-ran yn sgriwio i'w gilydd

Mynegai

A, B
adeiladwyr corff, 44
athletau, 38-41
badminton, 34, 35
bagatél, 63
baggataway, 16
bandy, 16
bandy-ball, 58
bar plygu, 43
bar uchel, 42
barrau cyflin, 42
batiau, 22-3, 25, 26, 27, 34
   gwneud batiau criced, 28-9
batynau, 38
biathlon, 55
biliards, 62
blociau cychwyn, 38-9
bocsio, 46-7
   dwrn-noeth, 46
bollt, 53
boules, 56
bowlio, 56-7
   deg pin, 57
breichydd, 52
bwa croes, 53
bwâu, 52
bwledi, 54
bynceri, 60
byrddau (snwcer), 62, 63

C
cadi, 60
caeau chwarae, 6, 10, 16, 26
cais, 14
campau maes, 40-1
campau trac, 38-9
cap rygbi, 15
carnau, 51
cawell saethau, 53
ceffyl, 42
ceffyl pwytho, 9
ceffyl ymarfer, 11
celfyddydau milwrol, 48-9
cerddwyr, 39
cestas, 37
cicio, 13, 14
cicwyr, 17
cipiad, 45
ciw, 62-3
ciwb sialc, 63

cleddyfaeth, 50-1
clos pen-glin, 12, 24
clybiau golff, 58-60
codi pwysynnau, 44-5
colomennod clai, 55
criced, 26-9
croci, 61
crysau, 11, 23
Crysau Duon, 15
cwarterwr, 13
Cwpan Byd FIFA, 6
Cwpan Webb Ellis, 14
cwrlio, 57
cylch bocsio, 46
cylchau, 42
cyrtiau, 20, 30-1, 35, 36

D, E
dawnsio iâ, 19
decathlon, 38, 41
deufelwyr, 50, 51
diemwnt, 24
DiMaggio, Joe, 22
disgen, 41
Drake, Syr Francis, 56
dringo rhaff, 43
dyfarnwyr, 6, 13, 25, 26, 31, 46
dymbelau, 43, 45
Ellis, William Webb, 14
épée, 50, 51
esgidiau
   astro, 7
   bocsio, 47
   bowlio, 56
   criced, 26
   golff, 60
   hoci, 17
   neidwyr, 40
   pêl-droed, 7, 13
   pêl-fas, 24
   pêl-fasged, 20
   pêl-raced, 37
   rygbi, 14
   rhedeg, 39
   sboncen, 37
   taflwyr, 40
   trac, 39

F, Ff
fletching, 53
ffasiynau, 7
fflop Fosbury, 40

ffordd deg, 59
ffwyl, 50, 51
ffyn, 16-17, 19

G
garw, 59
gêmau Olympaidd, 38
glân a phlwc, 44
glaswellt gwneud, 7
golff, 58-60
golwyr, 7, 16, 17, 19
gordd bren, 61
Grace, W.G., 28
gwayywffon, 40
gwenoliaid, 35
gwibwyr, 38
gwregysau, 44, 49
gwrthwasgiadau, 43
gwŷr meirch, 51
gymnasteg, 42-3
gynnau, 54-5
   aer, 55
   cychwyn, 38

H, J, K
haka, 15
Harlem Globetrotter, 20
'hat-trick', 27
hela, 52, 54
helmedau, 10, 16, 18, 22, 27
helygen, 28
heptathlon, 38
hoci, 16-17
hoci iâ, 18-19
hoquet, 16
hunanamddiffyn, 49
hurling, 16
hwpiau, 61
Jeu de Paume, 32
jiwdo, 49
karate, 49
kendo, 48
kung fu, 48

L, Ll
lacrós, 16, 17
lawnt, 60
Lee, Bruce, 48
Lord's
   cae criced, 27
llain griced, 26
llinellwr, 6

M
marblys, 57
masg, 10, 25, 50
menig
   bocsio, 46
   cleddyfaeth, 50
   codi pwysynnau, 44
   criced, 26, 27
   golff, 59
   hoci, 17
   hoci iâ, 18
   karate, 49
   pêl-droed Americanaidd, 11
   pêl-fas, 22
   pêl-raced, 37
   saethyddiaeth, 52
morthwyl, 40

N
naid bolyn, 41
naid driphlyg, 41
naid hir, 41
naid uchel, 40
nunchaku, 48
Oakley, Annie, 55

P
padiau
   bocsio, 46
   criced, 27
   hoci, 17
   hoci iâ, 18
   pêl-droed, 7
   pêl-droed Americanaidd, 11, 13
   pêl-fas, 25
paent rhyfel, 10
paganica, 16
pêl-droed, 6-9
pêl-droed Americanaidd, 10-13
pêl ddyrnio, 46
pêl-fas, 22-4
pêl-fasged, 20
pêl-feddal, 25
pêl-foli, 21
pêl-raced, 36-7
pêl-rwyd, 21
pelenni, 55
peli
   criced, 26

croci, 61
golff, 58
hoci, 17
lacrós, 16
lawnt fflat, 56
lawnt goron, 56
pêl-droed, 8-9
pêl-droed Americanaidd, 13
pêl-fas, 23
pêl-fasged, 20
pêl-feddal, 25
pêl-foli, 21
pêl-raced, 37
pêl-rwyd, 21
pŵl, 62
rownderi, 25
rygbi, 14-15
sboncen, 36
snwcer, 36
tennis, 30-1
tennis bwrdd, 34
pelota, 37
ping-pong, 34
pistolau, 54
   tanio cyflym, 54
   targed, 54
pitsio, 23
pocedi (pŵl), 62
polo, 61
pŵer-godi, 45
pŵl, 62
pwyntiau (bocsio), 47
pwysyn, 40
pyc, 18
pytio, 60

Q, R, Rh
Queensberry, Ardalydd, 46
ras ffos a pherth, 39
ras glwydi, 39
ras gyfnewid, 38
reiffl bôr mawr, 54-5
reiffl rhydd bôr bach, 54-5
rinc iâ, 19
rownderi, 22, 25
Ruth, Babe, 22
rwber, 30, 34
rygbi, 14-15
   cynghrair, 14
   undeb, 14
rhacedi, 30-1, 32-3, 35, 36, 37
rhaff sgipio, 43
rhedeg traws gwlad, 38
rhwymynnau, 46

S
sabre, 50, 51
sadyddion, 52
saethau, 53
saethu, 54-5
saethyddiaeth, 52-3
safle taro (pêl-fas), 22
sbigynnau, 39, 40, 60
sboncen, 36
sebras, 13
serfio, 33, 35, 37
sgetiau, 19
sgitiau, 57
sgrym, 14
shinai, 48-9
shinty, 16
siacedi (cleddyfaeth), 50
siorts (bocsio), 47
snwcer, 62, 63
sphairistike, 30
stydiau, 7, 13, 17
sumo, 48

T, W
tannau, 31, 32, 36
tâp mesur, 40-1
Tapestri Bayeux, 52
targedau, 53, 54
Tell, William, 53
tennis, 30-3
   bwrdd, 34
   real, 30
ti, 13, 58
Torvill a Dean, 19
traciau, 38, 39
trawst, 42
tyllau (golff), 58-60
wats stopio, 38
wicedi, 26
wicedwyr, 26
Wimbledon, 31

Cydnabyddiaethau

Hoffai'r cyhoeddwyr ddiolch i:
Grandstand Sports and Leisure
Geron Way
Edgware Road
Llundain NW2

A & D Biliards & Pool Services Cyf., Cymdeithas Athletau Amatur, Cymdeithas Focsio Amatur, Cymdeithas Gleddyfaeth Amatur, Cymdeithas Fadminton Lloegr Cyf., Bapty & Co. Cyf., Cyngor Rheoli Biliards a Snwcer, Ffederasiwn Pêl-fas a Phêl-feddal Amatur Prydain, Cymdeithas Gymnasteg Amatur Prydain, Cymdeithas Codwyr Pwysynnau Amatur Prydain, Cymdeithas Bêl-droed Americanaidd Prydain, Ffederasiwn Hoci Iâ Prydain, Cymdeithas Bêl-raced Prydain, Cymdeithas Fowlio Deg Pin Prydain, Jonathan Buckley, Cwmni Continental Sports Products, Cymdeithas Croce, Dragon Martial Arts, Cymdeithas Bêl-fasged Lloegr, Cymdeithas Fowlio Lloegr,
Cymdeithas Dennis Bwrdd Lloegr, Cymdeithas Bêl-droed Lloegr, Y Cynghrair Pêl-droed Cyf., C.L. Gaul & Co. Cyf., James Gilbert Cyf., Grand National Archery Society, Grays of Cambridge (International) Cyf., Gridiron Sports, Ffederasiwn Hoci Rhyngwladol, Quicks the Archery Specialist, Leon Paul Equipment Co. Cyf., Charlie Magri Sports, Comisiwn Celfyddydau Milwrol, Marylebone Cricket Club, Minerva Football Co. Cyf., Diana Morgan, Newitt & Co. Cyf., Cymdeithas Golffwyr Proffesiynol, Yr Undeb Rygbi, Len Smiths (School of Sports) Cyf., Cymdeithas Rhacedi Sboncen, Wilson Sporting Goods, Amgueddfa Tennis Lawnt Wimbledon.

Ray Owen am arlunwaith

Defnyddir deunyddiau trac-rhedeg Polyflex (tt.3 a 39) trwy gwrteisi Recreational Surfaces Ltd.

Cydnabyddiaethau lluniau
t=top g=gwaelod c=canol ch=chwith d=de

All-sport (UK): 6td, gc; 7c; 9g; 10t, cd; 11td; 13c, cch; 14gd; 16cch; 18td; 19tc, gd; 20tch; gch; 21gch; 23gc; 26cd; 27c; 35cch, gch; 36gch; 37cch; 38tch, gch; 39c; 40td, gd; 47cch; 48gch, cd; 50gch; 52gd; 55tch; 61g; 63cd; gch.
BBC Hulton Picture Library: 10gd; 13gd; 18tch; 22td, gch; 25gch; 28cch; 38cch; 40gch; 44tc; 50tch; 51td, c; 52gch; 53c; 54tch; 55t; 57tch; 61g; 62td.
Y Llyfrgell Brydeinig: 54gd.
Yr Amgueddfa Brydeinig: 47tc.
Colorsport/SIPA: 7tc, td; 9c; 14td; 15tch; 24gch; 27tch; 31td, cch; 34c; 42td, gch; 43gch; 44cch, gc, gd; 45gch; gc; 49c; 54c; 58cch.
The Mansell Collection: 34gc; 35gd; 56gd; 58gd.
Mary Evans Picture Library: 8t; 14tch; 15gd; 16td; gch; 17cd; 25gch, gd; 26tch, c; 30gd; 31tch; 32tch; 34tch; 37gd; 39gch;
41cd, gc; 46gc; 52tch, td, cd; 57gch; 59gch; 60gch; 61cch.
Atgynhyrchwyd y darluniau cardiau sigarennau ar dud.42–3 trwy gwrteisi W.D. & H.O. Wills

Darluniau gan Will Giles: 10c, gch; 30cch; 35tch; 38cd; 40td; 57c; 62gch; 36cch.

Darluniau gan Sandra Pond: 6c; 13td, c; 16cd; 19cd; 20cd; 21cd; 22gch; 24cd; 26td; 39c; 40g; 46cch, c; 51c.

Darlun gan Coral Mula: 58–60c.

Ymchwil lluniau gan: Joanne King

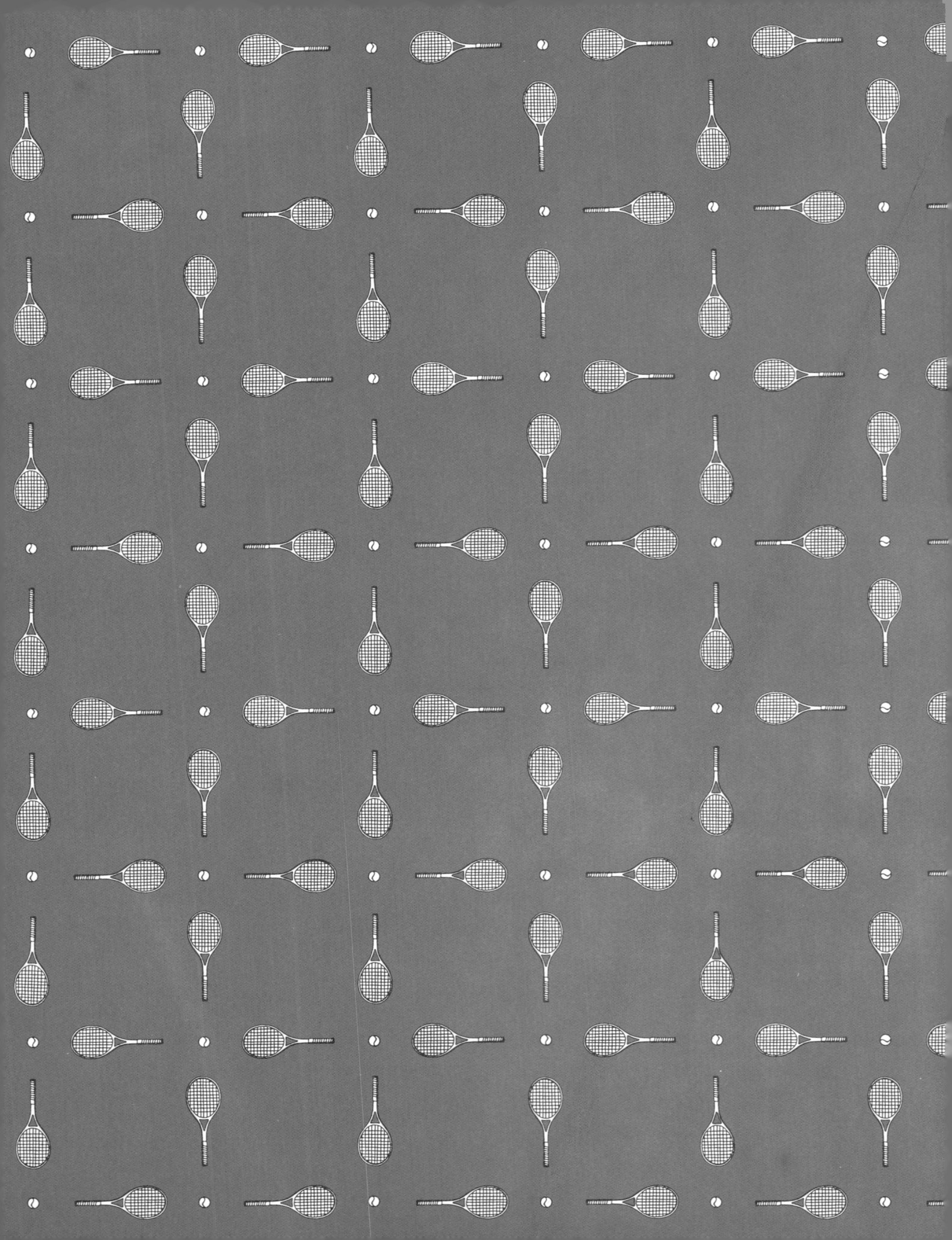